JN086361

子どもの未来を育む

社会福祉

野島正剛・大塚良一・田中利則

［編著］

ミネルヴァ書房

まえがき

　新型コロナウイルス感染症は私たちの日常を一変させた。私の祖父がまだ幼かったころ，スペイン風邪が猛威を振るっていた。その時もマスクをして，学校へ登校させない措置もとられたようだ。約100年も前に，執筆している現在と同じような光景があったのだ。本書を手に取って読んでくださっている読者の方の「今」は，どのような光景があるのだろうか。どのような日常になっているだろうか。本書の読者は子どもや人が好きで，保育の道に進もうとしている人であろう。その子どもたちは，何の心配もなく日常を過ごすことができているだろうか。

　「日常」とは，特別のことがなく繰り返される毎日のことである。子どもたちはありふれた毎日を，衣・食・住を心配することなく，安心・安全に過ごせているだろうか。子どもたちだけではない。会うと挨拶をしてくれる近所のおじいさん，通学途中で見かけた障害のある方，道路に落ちていた空き缶を拾ってゴミ箱に捨てていたおばあさん，コンビニで泣いていた赤ちゃんをあやしていたご夫婦。子どもだけではなく，よく知っている人から，初めて見かけた人まで，まわりにいる人たちは何の心配もなく，日常を過ごしているだろうか。いや，そんなことはない。私たちは一人ひとりが何かの心配を抱えて，不安がありながらも生活している。しかし，その心配や不安が社会の制度で少しでも軽減できたり，解決できるのであれば，私たちは個人で解決すべき問題に力を注ぐことができる。個人で解決すべき問題とは，例えば夢や希望である。一人ひとりが持っている夢や希望を叶えるために，持っている力を十分に注ぐ日常がつくれるのではないだろうか。もちろん，その社会の制度は，一人ひとりが抱える細かな心配や不安のすべてには対応でき

ないかもしれない。でも，多くの人が抱える，共通した心配や不安には，社会の制度として対応することができる。本書はそうした，共通した心配や不安に対応する社会の制度としての「社会福祉」を丁寧に解説する。

　「社会福祉」という言葉に，何だか難しそうだと感じてしまうかもしれない。しかし，私たちが抱える心配や不安を解消したり，軽減してくれる制度やサービス，成り立ちを学ぶ科目だと思うと，難しそうだという印象が変わるのではないだろうか。学ぶことによって，身の回りの人，自分自身，子どもたちの日常がより豊かなものになり，そして，大切な子どもたちの未来を育むことができる，それが「社会福祉」という科目である。本書では「社会福祉」を理解しやすいように事例を豊富に加えている。この事例は，それぞれの項目をより理解しやすいように創作または大幅に改変されたもので，人物や出来事をそのまま掲載しているわけではない。このように工夫された本書を十分に活用し，保育士として子どもの未来を育んでくださることを祈念している。

　　2023年2月

編　　者

子どもの未来を育む社会福祉

目　次

コ　ラ　ム

第1章　現代社会における社会福祉の意義と子ども家庭支援

本章の概要と到達目標

（1）概　　要
　現在，私たち日本人は資本主義社会という仕組みの中で生活をしている。資本
主義社会は，自由競争を基本としており，この競争により，資本を蓄積できたも
のと，できなかったものに分けられる。この資本の差が，格差であり，この格差
が大きくなった社会を格差社会と呼ぶ。国や地方公共団体等は税金などにより，
この格差を是正し，すべての国民が生活しやすいように制度，施策を構築する働
きを行う。この制度，施策が社会福祉政策である。また，保育制度もその社会福
祉政策の一つである。
　本章では，この社会福祉についての理解を深め，保育と社会福祉について保育
士としての見識を深めるものである。
（2）到達目標
　①　社会福祉の理念について理解する。
　②　資本主義社会と社会福祉の関係について理解する。
　③　社会福祉と社会保障について理解する。
　④　社会福祉の定義と対象について理解する。
　⑤　保育士が社会福祉を学ぶ意義について理解する。

1　現代社会における社会福祉の意義

事前学習

①　ウェルフェア（Welfare）とは何かを調べておく。
②　社会福祉事業にはどのようなものがあるか調べておく。
③　社会福祉の対象者にはどのような人がいるのか調べておく。

　保育がなぜ社会福祉なのか。こう思う人はたくさんいると思う。幼児教育
としてスタートした幼稚園と児童福祉施設としての役割を持つ保育所が，内
閣府による認定こども園ができたことによりある意味で，その境が取り外さ
れた。これにより，保育も教育も同じ土俵で語られ，「保育所保育指針」と

「幼稚園教育要領」に加え，内閣府から，2017（平成29）年に「幼保連携型認定こども園教育・保育要領」が出され，「教育及び保育」の新しい考え方がスタートした。

　このような流れの中で，保育と社会福祉を結び付けていくのには，無理があるのではと考える人もいると思える。しかし，同要領第 1 章総則第 1 の 2「幼保連携型認定こども園における教育及び保育の目標」の中に，「幼保連携型認定こども園は，このことにより，義務教育及びその後の教育の基礎を培うとともに，子どもの最善の利益を考慮しつつ，その生活を保障し，保護者と共に園児を心身ともに健やかに育成するものとする」とあり，この子どもの最善の利益の考慮や，その生活を保障するという中に，保育士及び保育教諭が社会福祉を学ぶ意義があると考える。本章では，保育士として必要な社会福祉の意義と子ども家庭支援について学ぶものである。

（1）社会福祉とは何か

　まず社会福祉とは何かについて，大まかに理解することが大切である。本来，「社会福祉」という言葉と「社会事業」という言葉がある。戦前は「社会事業」という言葉が使われており，「慈善事業」，「救済事業」という言葉とともに使用されていた。

　たとえば，私たちの身近な「社会福祉協議会」という団体があるが，この団体の初代会長は渋沢栄一であり，1908（明治41）年10月 7 日に「中央慈善協会」として設立した。その後，1924（大正13）年に「中央社会事業協会」に名称が変更され，戦後，1951（昭和26）年 1 月12日に中央社会福祉協議会となる。

　このように福祉という言葉が，使用されるのは戦後のことであり，太平洋戦争後の日本を占領・管理するための最高司令部として設置された，連合国軍最高司令官総司令部（GHQ：General Headquarters の略）の内部機構として設けられた，公衆衛生部福祉局（PHW：Public Health and Welfare Section の略）

の「Welfare」を「福祉」として訳したことに関係すると考えられる。「Welfare」は「Well」と「fare」が一つになった用語で「Well」には「裕福に」とか，「順調に」などの意味があり，「fare」には「やっていく」「暮らしていく」などの意味がある。

　また，日本国憲法第25条に使用されている「国は，すべての生活部面について，社会福祉，社会保障及び公衆衛生の向上及び増進に努めなければならない」の基になっている，「In all spheres of life, the State shall use its endeavors for the promotion and extension of social welfare and security, and of public health」の「social welfare」を「社会福祉」としたことも社会福祉という言葉が活用されるもとになっている。

　また「福祉」という言葉の意味を考えてみると，「福」は幸せという意味を持ち，「祉」にもさいわいという意味があり，「福祉」には「幸福」という意味があり，「福祉」という言葉の背景には幸福を追求するための社会的な方策や実践が必要あり，それを「社会福祉」といっている。たとえば，元佛教大学学長の水谷幸正（1928-2014年）は福祉について，本来，福祉は「幸福」と同義語であったが，現在では，複数の人間関係，社会生活の価値観を意味する場合が多い。つまり，福祉とは人間関係の調整を意味しており，福祉活動とは社会的実践である⁽¹⁾といっている。

　しかし幸福というものは，私たち自身の考え方，幸福に対するイメージ，思い，感じ方で違ってくる。たとえば，保育士の仕事を考えてみても「小さな子どもたちといると楽しく，この仕事をしていると幸せを感じる」という人と，「みんながこの仕事が良いと言うから，この仕事に就いたが，仕事の責任感が強く，その割に報われない」という人がいる。たとえ条件が同じ状況の職場であっても嫌だという人と，やりがいがあるという人がでてくる。

　幸福についても同様であり，その人の捉え方で違ってくる。「幸福」について，世界的に調査をしている報告書がある。国際連合の持続可能開発ソリューションネットワークが発行する幸福度調査レポートである。この報告書

4

は2012（平成24）年 4 月から出版され，2021（令和 3 ）年版では， 1 位フィンランド， 2 位デンマーク， 3 位スイス， 4 位アイスランド， 5 位オランダとなっている。日本は149カ国中56位となっている。ちなみに，経済大国のアメリカは19位，中国は84位である。国の経済的発展がそのまま国民の幸福にはつながっていないことがうかがえる。

（ 2 ） 社会福祉の定義と対象

　私たちはごく当たり前のようにこの資本主義社会で生活している。この資本主義社会の基になっているのは自由競争である。たとえば，私たちは将来の職業選択のために，大学などの学校を選択するが，その時には入学試験があり，希望する職業に就くためには就職試験がある。また，一般的な企業では利潤追求のために他企業との競争の中で生き残りをかけて競争を行っている。当然，企業内でもそれぞれのポジションをかけての競争が展開される。

　カール・マルクス（Marx, K., 1818-1883年）は，自由競争は必然的に独占を生み出すことを述べている。また，その後の研究では資本主義の発展段階は産業資本主義から独占資本主義，国家独占資本主義へと発展していくとしている。国家独占資本主義とはその名の通り，独占資本と国家が結びついた形である。国家独占資本主義の特徴は強い経済的・政治的影響力を持つ巨大な企業や企業集団が国家の政策的介入や規制（状況によっては規制緩和）によって独占的高利潤（市場と価格を支配することにより得る超過利潤）を保確することにあり，高利潤を支える需要創出が高雇用政策や社会福祉政策という形態をとることもある。[2]

　このように資本主義社会の側面を支えているのが社会福祉施策である。たとえば，日常の生活の中で，電車通学をしている人は，ラッシュアワーという混雑を経験していると思う。座席に対して乗る人が多く，多くの人は座席に座ることができず，立って電車に乗ることになる。その中で，優先席というシステムがある。高齢者や障害を持った方，妊婦さんなどへの配慮であり，

表1-1　社会福祉の観点と研究者

観　　点	主な研究者	観　　点	主な研究者
政策論的立場	孝橋正一，浅沼和典	生活論的立場	岡村重夫，一番ヶ瀬康子
技術論的立場	竹内愛二，谷川貞夫(他)	社会福祉学的立場	田代不二男，松村常雄(他)
制度論的立場	竹中勝男，雀部猛利	社会学的立場	磯村英一，森永松信(他)
運動論的立場	嶋田啓一郎，高島巌，糸賀一雄	人権論的立場	小川政亮

出所：田代国次郎『社会福祉研究入門』童心社，1971年，39-65頁を基に筆者作成。

このシステムがあることにより，乗客同士の争いが緩和されている。また，すすんで席を譲るという行為を行う人もいる。このようなシステムや行為のことを社会福祉は資本主義社会の中で担っている。

　社会福祉の定義についてはそれぞれの立場から，表1-1のように8つに分け整理できる。

　社会福祉は，社会，経済，国民の生活の変化に伴って，それぞれの立場からの社会福祉が定義されている。

┌─── コラム1　資本主義の維持形態としての社会福祉 ───┐

　社会福祉を仏教的立場から研究した吉田久一（1915-2005年）は政策論的立場をとる孝橋正一（1912-1999年）の社会福祉に対する考えを「社会事業とは，資本主義社会の維持存続を前提とする，しかもその構造的必然として生成する，ある種の社会問題に対する公私の社会的対策体系の一形態である」[3]と紹介している。孝橋は「社会福祉」ではなく「社会事業」という言葉をここで用いている。また，資本が主体となり経済活動を行う，資本主義社会では，資本を持つものと，持たないものとに分かれる。この形態を維持するために，社会福祉が存在することを理解する必要があるといっている。戦前・戦後の社会福祉の対象は「朝日訴訟」に代表されるように貧困問題がその支援の中心であった。現代の社会福祉の対象は「子どもの貧困」のようにより潜在化，個別化していることも保育士として社会福祉を理解する上で大切なことになる。

└──┘

　コラム1のように孝橋正一は「社会事業とは，資本主義社会の維持存続を前提とする」ということを踏まえて，社会事業，社会福祉を捉えている。こ

6

のような資本主義社会では，自立自助の原則，私的扶養の原則，公的扶助の原則の3つの原則がある。私たちは，賃金を得るために企業などに就労し，労働，雇用により得た賃金により自分と家族の生活を維持する。これが，自立自助の原則，私的扶養の原則である。しかし，この就労が，景気変動などその他の社会的情勢によって不安定を免れえない。労働の意思と能力を持ちながら失業を余儀なくされる層が大量化することにもなる。また，資本主義社会の自由競争の中で，自然に発生する失業や，高齢者，年少者，障害者など労働に加わることができない人たちもいる。このような人たちの生存を確保するために公的扶助の原則がある。公的扶助の原則は社会福祉政策として実施され，国民の生存権に関する施策として行われている。

　1948年の国際連合総会で採択された「世界人権宣言」では第22条で「すべて人は，社会の一員として，社会保障を受ける権利を有し，かつ，国家的努力及び国際的協力により，また，各国の組織及び資源に応じて，自己の尊厳と自己の人格の自由な発展とに欠くことのできない経済的，社会的及び文化的権利を実現する権利を有する」とし，第25条で「すべて人は，衣食住，医療及び必要な社会的施設等により，自己及び家族の健康及び福祉に十分な生活水準を保持する権利並びに失業，疾病，心身障害，配偶者の死亡，老齢その他不可抗力による生活不能の場合は，保障を受ける権利を有する」と規定している。

　日本では日本国憲法第25条で「すべて国民は，健康で文化的な最低限度の生活を営む権利を有する。国は，すべての生活部面について，社会福祉，社会保障及び公衆衛生の向上及び増進に努めなければならない」とし，国民の生活に対して国の役割を明記している。

　社会福祉は広く，一般住民の生活関連に関する公共政策全般を対象にするものと，自立を困難にされている人々を対象とする狭義のものがある。狭義の社会福祉の対象者は「社会的弱者」と呼ばれる人たちである。

　しかし，現代社会の社会福祉の問題として，この広義の社会福祉の対象と，

狭義の社会福祉の対象が混在し分かりにくくなっていることが挙げられる。

　たとえば，子どもの貧困について考えてみると，貧困には，必要最低限の生活水準が満たされていない「絶対的貧困」と，ある地域社会の大多数よりも貧しい状態を表す「相対的貧困」の２つの見方がある。日本の社会では，厚生労働省が2020（令和２）年に発表した18歳未満の子どもの相対的貧困は13.5％であり，普通の生活を営んでいる子どもの７人に１人の数となっている。さらに，社会的養護（保護者のない児童，被虐待児など家庭環境上養護を必要とする児童などに対し，公的な責任として，社会的に養護を行う）の子どもや，虐待を受けた子どもなど「権利侵害」が行われている子どもへの支援が対象として加わることになる。

　現代社会では，貧困，失業，ホームレス，非正規労働，ワーキングプア労働，障害，高齢による貧困などが複雑に絡み合い，餓死者，孤独死，心中等々により発覚するということがある。

　また，社会的弱者と呼ばれる人たちは，社会的集団の中で，身体および身体能力，健康，学歴などにより，その発言力が限定され，著しく不利な生活立場におかれている人たちであり，同時に，負け組，怠け者，落伍者など烙印（スティグマ）を押されている。スティグマとは犯罪者などに押された焼き印を意味したが，現在では，身体的，性格的，あるいは貧困・人種・宗教・民族などの理由により社会から差別され人権侵害，迫害などを受け社会から劣勢の価値（屈辱的烙印）を与えられた状態をいう。このような状態に置かれている人たちは自らの発言力が弱くなっている（パワーレス）ため，助けを求めることが難しい状況にある。

　社会福祉の支援はこのような状況に追い込まれている人の人権擁護の支援であり，その支援では，エンパワメントの援助活動とアドボカシー，当事者主体の小集団によるセルフヘルプ・グループによる活動が大切になってくる。

（3）　社会福祉の意義と保育士の役割

　現代日本の抱えている大きな課題として，少子高齢化の問題がある。

　「高齢社会白書」（内閣府）によると，日本の65歳以上人口は，1950（昭和25）年には総人口の5％に満たなかったが，1970（昭和45）年に7％を超え，さらに，1994（平成6）年には14％を超えた。高齢化率はその後も上昇を続け，2020（令和2）年には28.8％に達している。

　65歳以上人口と15〜64歳人口の比率を見てみると，1950（昭和25）年には1人の65歳以上の者に対して12.1人の現役世代（15〜64歳の者）がいたのに対して，2015（平成27）年には65歳以上の者1人に対して現役世代2.3人になっている。さらに，2065年には，65歳以上の者1人に対して1.3人の現役世代という比率になる。

　さらに，少子化の問題として，出生数の減少が挙げられる。2020（令和2）年の出生数は84万832人で，合計特殊出生率は1.34である。前年の2019（令和元）年の出生数は87万人であった。コロナ禍という状況ではあるが，現状では，85万人を切って過去最小になっている。

　このような少子化に対して，政府は「少子化社会対策基本法」（総合的かつ長期的な少子化に対処するための施策の指針）を中心に政策を展開してきた。「少子化対策基本法」では，第7条に「政府は，少子化に対処するための施策の指針として，総合的かつ長期的な少子化に対処するための施策の大綱を定めなければならない」としている。そのため，2004（平成16）年，2010（平成22）年，2015（平成27）年，2020（令和2）年に「少子化社会対策大綱」が閣議決定されている。2020（令和2）年の「少子化社会対策大綱」は次の5点である。

　　①　結婚・子育て世代が将来にわたる展望を描ける環境をつくる。
　　②　多様化する子育て家庭の様々なニーズに応える。
　　③　地域の実情に応じたきめ細かな取組を進める。

④　結婚，妊娠・出産，子供・子育てに温かい社会をつくる。

⑤　科学技術の成果など新たなリソースを積極的に活用する。

　同時に子育て支援に関しては，2012（平成24）年に「子ども・子育て支援新制度」を創設し，「子ども・子育て支援法」「認定こども園法の一部改正」「子ども・子育て支援法及び認定こども園法の一部改正法の施行に伴う関係法律の整備等に関する法律」の子ども・子育て関連3法を制定した。しかし，結果としては前述のとおり，出生数の減少に歯止めがかかっていない状況である。

　また，現代社会は国際条約に締結し，それを批准することにより，国内法を改定していく取り組みが行われている。国際連合の条約の中で社会福祉に大きく関わるものとしては，「女子に対するあらゆる形態の差別の撤廃に関する条約」「障害者権利条約」「児童の権利に関する条約」「国際人権規約」などがある。これらの条約・規約に批准することにより，国内法を適合させていく施策が行われている。

　たとえば，「児童の権利に関する条約」（以下，「子どもの権利条約」）が1989年11月の第44回国連総会で採択され，1990年9月2日に発効した。日本は1990（平成2）年9月にこの条約に署名し1994（平成6）年4月22日に批准し，同年5月22日に発効している。さらに，2000（平成12）年5月に国連で「武力紛争における児童の関与に関する児童の権利に関する条約の選択議定書」と「児童の売春，児童買春及び児童ポルノに関する児童の権利条約選択議定書」が採択され，日本は，それぞれ2004（平成16）年8月2日，2005（平成17）年1月24日に批准した。

　2016（平成28）年6月3日に「児童福祉法等の一部を改正する法律」が公布され，児童福祉法の基本理念である第1条と第2条が改正された（表1-2）。特に，第1条では「児童の権利に関する条約の精神にのつとり」という言葉が明記され，第2条では「児童の年齢及び発達の程度に応じて，そ

表1-2　「児童福祉法の一部を改正する法律」(2016〔平成28〕年6月3日)

改正前	改正後
第1条　すべて国民は，児童が心身ともに健やかに生まれ，且つ，育成されるよう努めなければならない。 ②　すべて児童は，ひとしくその生活を保障され，愛護されなければならない。	**第1条**　全て児童は，児童の権利に関する条約の精神にのつとり，適切に養育されること，その生活を保障されること，愛され，保護されること，その心身の健やかな成長及び発達並びにその自立が図られることその他の福祉を等しく保障される権利を有する。
第2条　国及び地方公共団体は，児童の保護者とともに，児童を心身ともに健やかに育成する責任を負う。	**第2条**　全て国民は，児童が良好な環境において生まれ，かつ，社会のあらゆる分野において，児童の年齢及び発達の程度に応じて，その意見が尊重され，その最善の利益が優先して考慮され，心身ともに健やかに育成されるよう努めなければならない。 ②　児童の保護者は，児童を心身ともに健やかに育成することについて第一義的責任を負う。 ③　国及び地方公共団体は，児童の保護者とともに，児童を心身ともに健やかに育成する責任を負う。

注：下線筆者。
出所：筆者作成。

の意見が尊重され，その最善の利益が優先して考慮され」との言葉が，記されている。これらのことを前提として，2017（平成29）年8月に「新しい社会的養育ビジョン」が示されている。

　今後の社会福祉施策に関しては，国際条約，規約等に批准するための新たな国内法の整備という視点が加わっている。さらに現代社会が抱えている大きな課題である，少子高齢化問題に対しての制度，施策の整備，それらに伴う，地域社会等の創設が社会福祉の役割として存在している。

　これは，障害施策に関しても同様であり，「障害者権利条約」の批准による国内法の改定と整備が行われている。その一つが共生社会の実現である。共生社会とは，障害がある，ないにかかわらず，女の人も男の人も，お年寄りも若い人も，すべての人がお互いの人権や尊厳を大切にし，支え合い，誰

もが生き生きとした人生を送ることができる社会のことであり，インクルーシブ教育（障害のある方と同じ場所で共に学ぶ）のシステム構築や，地域福祉の支援体制の構築などが課題として取り組まれている。

　保育の場面でも同様であり，社会的養護の子どもたちへの支援や，障害を持つ子どもたちへの支援などが，多くの保育所でも対応が必要になってくると考えられる。社会福祉の制度施策，さらには福祉的支援の対象となる方々への配慮，共感的理解などをとおして，保護者や地域の方々へ支援を行っていく必要がある。

事後学習

① 戦後，憲法第25条の生存権を基に争った裁判がある。その裁判について調べてみよう。
② 「子どもの権利条約」の内容を整理してみよう。

2　保育士が社会福祉を学ぶ意義

事前学習

① 「家庭とは何か」について調べておく。
② 「子ども・子育て支援新制度」について調べておく。

（1）子ども家庭支援

　私たちにとって，家族とか家庭はあまりにも身近すぎて，その存在や定義について考えることは少ない。

　さて，家族とは，夫婦や子ども，祖父母や孫などの親族が住居を共にし，生活を行っていることをいい，主に，夫婦とその血縁関係を中心に構成される共同生活の単位となる集団のことである。現在では，血縁関係のないつながりについても夫婦，家族の一形態としている。また，家庭とは，家族の中

で生活を共にする者が形成する小さな集団のことであり，その集団が生活をする場所のことをいう。さらに，世帯とは生計を共にしていることが基本となる。

　また，家庭への意識については2018（平成30）年に内閣府が行った「国民生活に関する世論調査」では，家庭の役割として，「家族の団らんの場」を挙げた者の割合が64.9％，「休息・やすらぎの場」を挙げた者の割合が64.4％と高く，以下，「家族の絆（きずな）を強める場」（54.3％），「親子が共に成長する場」（39.3％）などの順となっている。家庭に対する意識では，次世代を生み育てる場所というより，家族が癒せる場所を家庭に求めていることが分かる。

　保育所保育指針では「保育所における子育て支援に関する基本的事項」が第4章「子育て支援」に書かれている。その中で，子育て支援に関して留意すべき事項として，「保護者に対する子育て支援における地域の関係機関等との連携及び協働を図り，保育所全体の体制構築に努めること」と「子どもの利益に反しない限りにおいて，保護者や子どものプライバシーを保護し，知り得た事柄の秘密を保持すること」を挙げている。

　さらに，保護者の子どもに対する「懲戒権」についても見直されることが検討されている。改正案では民法第822条の「親権を行う者は，第820条の規定による監護及び教育に必要な範囲内でその子を懲戒することができる」を「親権を行う者は，第820条の規定による監護及び教育をするに当たっては，子の人格を尊重するとともに，その年齢及び発達の程度に配慮しなければならず，かつ，体罰その他の子の心身の健全な発達に有害な影響を及ぼす言動をしてはならない」とするものである。同時に第821条を廃止し，同法を第821条とするものである。

―― コラム2 「懲戒権」の変遷 ――

　「懲戒」に関しては，2011（平成23）年の改正まで第822条は「親権を行う者は，必要な範囲内で自らその子を懲戒し，又は家庭裁判所の許可を得て，これを懲戒場に入れることができる。2子を懲戒場に入れる期間は，6箇月以下の範囲内で，家庭裁判所が定める。ただし，この期間は，親権を行う者の請求によって，いつでも短縮することができる」としていた。この懲戒場については，明確な規定や施設がなく，1900（明治33）年の「感化法」の中に「懲治場」の記載があり，「感化（犯罪・非行）教育」に対する概念を引き継いでいるようにも考えられる。

　これが，2011（平成23）年に「親権を行う者は，第820条の規定による監護及び教育に必要な範囲内でその子を懲戒することができる」と改正されている。

　しかし，この「懲戒」について，2019（平成31）年に起きた虐待死亡事件で「しつけ」という親の虐待に対する言葉などにより，「しつけ」と親の懲戒について整理する必要があり民法改定の流れになった。

　さて子育て支援に関しては，前述のように社会全体で取り組まなければならない課題の一つである。人口の減少を最小限にとどめられるよう，少子化対策としての支援取り組みが全国的に展開されている。その社会的資源の一つとして保育所も存在している。そのため，指針にあるよう，保育所の中でも子育て支援に対する支援体制を構築することが求められている。

　また，社会的資源とは，自分以外の全ての人，物，制度，機関などをいい，それらを活用し支援体制を構築することをコーディネートという。介護保険ではこれらの役割を行う専門職を介護支援専門員（ケアマネジャー）といい，作成されたプランをケアプランと呼んでいる。しかし，保育の場面では，この役割を保育士等があたる状況にある。また，保護者支援においては，地域の保護者ニーズを十分加味して，関係機関等との連携及び協働に基づいて支援の構築を行う必要がある。

　さらに，保護者支援等については，面接の中で家庭状況や子育てに関する悩み等を聞く場面に接する。保護者が他人には隠しておきたい事柄を，保育士という専門職を信頼して話してくる。指針にあるように，「秘密を保持」

することは信頼関係を醸成する役割もあり，面接の大切な要素の一つである。

また現代社会の子育ての支援の中で，「虐待」という問題に遭遇することもあると思える。その場合，関係機関との協力体制をつくり，子どもの最善の利益を考慮して支援を共に行うことが大切になる。

（2）子どもの最善の利益とは

子どもの権利条約が1989年11月の第44回国連総会で採択され，1990年9月2日に発効した。日本は1990（平成2）年9月にこの条約に署名し1994（平成6）年4月22日に批准し，同年5月22日に発効している。

「子どもの権利条約」の一般的義務として次の4点が挙げられる。

① 締約国は，児童又はその父母若しくは法定保護者の人種，皮膚の色，性，言語，宗教，政治的意見その他の意見，国民的，種族的若しくは社会的出身，財産，心身障害，出生又は他の地位にかかわらず，いかなる差別もなしにこの条約に定める権利を尊重し，及び確保する（第2条）。

② 児童に関するすべての措置をとるに当たり，児童の最善の利益が主として考慮される（第3条）。

③ 締約国は，この条約において認められる権利の実現のため，すべての適当な立法措置，行政措置その他の措置を講ずる（第4条）。

④ 締約国は，父母，法定保護者等が児童の発達しつつある能力に適合する方法で適当な指示及び指導を与える責任，権利及び義務を尊重する（第5条）。

特に，第3条の「児童に関するすべての措置をとるに当たり，児童の最善の利益が主として考慮される」との項目に関しては，2016（平成28）年の児童福祉法の一部改正にも大きな影響を与えている。

「子どもの最善の利益」を考える前に，「子どもの権利」について「子ども
の権利条約」ではどのように決めているのかを確認する。「子どもの権利条
約」では一般的原則として，①生命・生存及び発達に対する権利（命を守ら
れ成長できること），②子どもの最善の利益（子どもにとって最もよいこと），③
子どもの意見の尊重（意見を表明し参加できること），④差別の禁止（差別のな
いこと）の4つを挙げている。このなかで，注目したいのは③の「子どもの
意見の尊重」である。これについては，子どもの権利条約の第12条には，次
のように示されている。

> ①　締約国は，自己の意見を形成する能力のある児童がその児童に影響
> 　　を及ぼすすべての事項について自由に自己の意見を表明する権利を確
> 　　保する。この場合において，児童の意見は，その児童の年齢及び成熟
> 　　度に従って相応に考慮されるものとする。
> ②　このため，児童は，特に，自己に影響を及ぼすあらゆる司法上及び
> 　　行政上の手続において，国内法の手続規則に合致する方法により直接
> 　　に又は代理人若しくは適当な団体を通じて聴取される機会を与えられ
> 　　る。

　このように，子どもの意見を真摯に受け止め，子どもの年齢及び成熟度に
従って相応に考慮されるものとするようにしている。また，「子どもの最善
の利益」を考える時に，子どもの意見を尊重し，それがいかなる年齢であっ
ても，その意をくみ取り，支援の方向性を示すことが大切であるとしている。
これには，それを検証するシステムが必要になってくる。保育士という，乳
幼児に関する専門家がこれらのシステムを構築していく役割があると考える。
　また，「子どもの最善の利益」は今後あらゆる支援の基本となるものであ
り，常にここに立ち返って支援の方向性を考えることが大切となる。

表1-3　児童福祉施設一覧

施設名	根拠法	種　別	施設名	根拠法	種　別
助産施設	児福法第36条	第2種	児童養護施設	児福法第41条	第1種
乳児院	児福法第37条	第1種	障害児入所施設	児福法第42条	第1種
母子生活支援施設	児福法第38条	第1種	児童発達支援センター	児福法第43条	第2種
保育所	児福法第39条	第2種	児童心理治療施設	児福法第43条の2	第1種
幼保連携型認定こども園	児福法第39条の2	第2種	児童自立支援施設	児福法第44条	第1種
児童厚生施設	児福法第40条	第2種	児童家庭支援センター	児福法第44条の2	第2種

出所：筆者作成。

（3）保育所と社会福祉

　保育所保育指針の中の「保育所の役割」に「保育所は，児童福祉法（昭和22年法律第164号）第39条の規定に基づき，保育を必要とする子どもの保育を行い，その健全な心身の発達を図ることを目的とする児童福祉施設であり，入所する子どもの最善の利益を考慮し，その福祉を積極的に増進することに最もふさわしい生活の場でなければならない」としている。この児童福祉法第39条では，「保育所は，保育を必要とする乳児・幼児を日々保護者の下から通わせて保育を行うことを目的とする施設（利用定員が20人以上であるものに限り，幼保連携型認定こども園を除く。）とする。②　保育所は，前項の規定にかかわらず，特に必要があるときは，保育を必要とするその他の児童を日々保護者の下から通わせて保育することができる」としている。

　この「保育を必要とする」は，それまでの「保育に欠ける」という言葉から，2015（平成27）年度の「子ども・子育て支援新制度」保育サービス対象者の拡大から変更になったものである。これにより，「昼間労働することを常態としていること（就労）」とあったものから，「フルタイムのほか，パートタイム，夜間など基本的にすべての就労に対応（一時預かりで対応可能な短

時間の就労は除く）」となった。少子化対策の一つとして，保育利用の拡大と，世代のニーズに合わせた支援となっている。

　また，保育所保育指針の「保育所保育に関する基本原則」に，保育所は児童福祉施設とある。では，この児童福祉施設とは何か。児童福祉施設とは児童福祉法に関する事業を行う施設であり，児童福祉法第7条で「この法律で，児童福祉施設とは，助産施設，乳児院，母子生活支援施設，保育所，幼保連携型認定こども園，児童厚生施設，児童養護施設，障害児入所施設，児童発達支援センター，児童心理治療施設，児童自立支援施設及び児童家庭支援センターとする」とある（表1-3）。

　保育所は2020（令和2）年には3万7,652カ所（幼稚園型認定こども園等，地域型保育事業を含む），利用定員数296万7,328人，利用児童数273万7,359人と児童福祉施設の中では，一番大きな組織であり，私たちの生活の中でも身近な存在である。そのため，保育士資格は保育所で働くための資格と思っている学生は多い。しかし，保育士資格は多くの児童福祉施設で働くことが可能な資格であり，児童福祉の要となる資格である。子どもの権利条約第3条3に「締約国は，児童の養護又は保護のための施設，役務の提供及び設備が，特に安全及び健康の分野に関し並びにこれらの職員の数及び適格性並びに適正な監督に関し権限のある当局の設定した基準に適合することを確保する」とある。この「職員の適格性」が保育士資格であると考えられる。

（4）少子化対策と「子育て支援」

　子どもの権利条約第18条3に「締約国は，父母が働いている児童が利用する資格を有する児童の養護のための役務の提供及び設備からその児童が便益を受ける権利を有することを確保するためのすべての適当な措置をとる」とある。役務とは公的な関わりを意味し，便益とは都合よく利益を得るということである。これは，保育所や家庭支援の根拠になるものであり，現在では少子化問題も加わり，重要な政策となっている。

　少子化対策が具体的に行われたのは，1994（平成6）年の「今後の子育て支援のための施策の基本的方向について」通称，エンゼルプランと呼ばれている施策からである。その後，表1－4のような具体的な取り組みを市町村を中心に国を挙げて行ってきたが，2005（平成17）年の合計特殊出生率は過去最低の1.26となり，2015（平成27）年に1.45まで上昇したがコロナ禍の2020（令和2）年の合計特殊出生率は1.34となっている。

　子育て環境については，これらの事業展開により，大きく変わってきており，2012（平成24）年8月に「子ども・子育て支援法」「認定こども園法の一部改正法」「子ども・子育て支援法及び認定こども園法の一部改正法の施行に伴う関係法律の整備等に関する法律」の子ども・子育て関連3法が成立した。

　少子化対策による子ども・子育て支援は，2023年4月に「こども家庭庁」が創設されることにより，さらに具体的な支援方針が示される素地をつくった。

　この「こども家庭庁」に関しては，2021（令和3）年12月に閣議決定された「こども政策の新たな推進体制に関する基本方針」に基づき，2022（令和4）年6月15日に「こども家庭庁設置法」及び「こども家庭庁設置法の施行に伴う関係法律の整備に関する法律」が第208回通常国会で成立した。創設時期は，2023年4月としている。

　また「こども家庭庁設置法」と同時に，「こども基本法」も成立し，2023年4月に施行する。この「こども基本法」については，その目的に「日本国憲法及び児童の権利に関する条約の精神にのっとり」と明記しており，対象の「こども」を「心身の発達の過程にある者」としている。さらに，政府は，こども施策を総合的に推進するため，こども施策に関する大綱を定めなければならないこととし，こども政策推進会議を設置すること等により，こども施策を総合的に推進することとしている。

　さらに，「こども家庭庁」に関しては，内閣総理大臣直属の機関として内閣府の外局に位置づけられ，各省庁への勧告権（複数の行政機関に意見を提出

表1-4　地域子ども・子育て支援事業

事業名	内　容
①利用者支援事業	子どもや保護者の身近な場所で，教育・保育施設や地域の子育て支援事業等の利用について情報収集を行うとともに，それらの利用に当たっての相談に応じ，必要な助言を行い，関係機関等との連絡調整等を実施する事業
②地域子育て支援拠点事業	家庭や地域における子育て機能の低下や，子育て中の親の孤独感や負担感の増大等に対応するため，地域の子育て中の親子の交流促進や育児相談等を行う事業
③妊婦健康診査	妊婦の健康の保持及び増進を図るため，妊婦に対する健康診査として，①健康状態の把握，②検査計測，③保健指導を実施するとともに，妊娠期間中の適時に必要に応じた医学的検査を実施する事業
④乳児家庭全戸訪問事業	生後4カ月までの乳児のいるすべての家庭を訪問し，子育て支援に関する情報提供や養育環境等の把握を行う事業
⑤養育支援訪問事業	乳児家庭全戸訪問事業などにより把握した，保護者の養育を支援することが特に必要と判断される家庭に対して，保健師・助産師・保育士等が居宅を訪問し，養育に関する相談支援や育児・家事援助などを行う事業
⑥子育て援助活動支援事業（ファミリー・サポート・センター事業）	乳幼児や小学生等の児童を有する子育て中の労働者や主婦等を会員として，児童の預かり等の援助を受けることを希望する者と当該援助を行うことを希望する者との相互援助活動に関する連絡，調整を行う事業
⑦一時預かり事業【一部新規】	家庭において一時的に保育を受けることが困難になった乳幼児について，保育所，幼稚園その他の場所で一時的に預かり，必要な保護を行う事業
⑧延長保育事業【一部新規】	保育認定を受けた子どもについて，通常の利用日及び利用時間以外の日及び時間において，保育所等で引き続き保育を実施する事業
⑨病児保育事業	病気の児童について，病院・保育所等に付設された専用スペース等において，看護師等が一時的に保育等を行う事業
⑩放課後児童健全育成事業（放課後児童クラブ）【一部新規】	保護者が労働等により昼間家庭にいない小学校に就学している児童に対し，授業の終了後等に小学校の余裕教室や児童館等において適切な遊び及び生活の場を与えて，その健全な育成を図る事業
⑪実費徴収に係る補足給付を行う事業【新規】	保護者の世帯所得の状況等を勘案して，特定教育・保育施設等に対して保護者が支払うべき日用品，文房具その他の教育・保育に必要な物品の購入に要する費用又は行事への参加に要する費用等を助成する事業
⑫多様な主体が本制度に参入することを促進するための事業【一部新規】	新規参入事業者に対する相談・助言等巡回支援や，私学助成（幼稚園特別支援教育経費）や障害児保育事業の対象とならない特別な支援が必要な子どもを認定こども園で受け入れるための職員の加配を促進するための事業

出所：内閣府HP「地域子ども・子育て支援事業について」（https://www.8.cao.go.jp/shoushi/shinseido/administer/setsumeikai/h270123/pdf/s3-1.pdf，2022年12月25日アクセス）を基に筆者作成。

する権利）などをもつ内閣府特命担当大臣を置くこととしている。

　いずれにしても，教育・福祉・医療が一貫した子育てに関する支援政策を打ち出していくことが大切であり，その要となるのが保育士であると考えられる。

事後学習

① 　虐待問題の中で，「子どもの最善の利益」とは何かを考えてみよう。
② 　「地域子ども・子育て支援事業」について，出身地域の取り組みについて調べてみよう。

重要語句

・アドボカシー

　直訳すると擁護・代弁という意味になる。社会的に弱い立場から，自分の置かれている状況や意思が伝えられない者に代わって代弁し訴えること。保育士の場合，虐待等で自分が置かれている状況も分からない子の代弁（アドボカシー）をするということも考えられる。

・子どもの最善の利益

　「児童の権利に関する条約」の基本原則の一つ。児童福祉法第2条で「全て国民は，児童が良好な環境において生まれ，かつ，社会のあらゆる分野において，児童の年齢及び発達の程度に応じて，その意見が尊重され，その最善の利益が優先して考慮され，心身ともに健やかに育成されるよう努めなければならない」と明記している。

・資本主義

　資本家と労働者に分かれ，資本を所有する資本家が，労働力を商品として買い，それ以上の価値を生み出す経済システムのことをいう。

・少子化問題

　少子化とは，出生率の低下で，将来人口が減少していくことをいう。少子化問題とは少子化に伴う人口減少により，社会・経済に与える影響のことをいう。

注

(1)　水谷幸正「仏教福祉活動について」『仏教福祉』8，1981年，13頁。

(2)　社会福祉辞典編集委員会編『社会福祉辞典』大月書店，2002年，172頁。

(3)　吉田久一編『戦後社会福祉の展開』ドメス出版，1976年，17頁。

参考文献

大塚良一・小野澤昇・田中利則編著『子どもの生活を支える社会福祉』ミネルヴァ書房，2015年。

全国社会福祉協議会（https://www.shakyo.or.jp/tsuite/gaiyo/anniversary/history/showa2.html，「全社協について　法人概要」2021年9月3日アクセス）。

内閣府『少子化社会対策白書（少子化の状況及び少子化に対処するために講じた施策の概況に関する報告書）』。

第 2 章　社会福祉の歴史的変遷

本章の概要と到達目標

（1）概　　要
　本章では社会福祉の発展を学ぶ。社会や環境は刻々と変化する。それに伴い，
様々な問題や課題が起こる。人々の中には，そうした問題や課題によって生活し
にくくなる人たちが出てくる。その一方で，そうした生活のしにくさを解決しよ
うとする人が現れる。問題や課題を解決してきた先人は，生まれながらにすごい
能力をもった人ばかりではない。先人の仕事も「保育者」が日々行う仕事も，出
発点は「目の前の人を助けたい」「より良く生活できるのだろうか」という思い
である。はじめに欧米の発展を学び，次に日本の発展を学ぶ。この際，欧米の発
展が日本の発展にどのような影響を与えたのか，自身で意図的に結びつけながら
学習を進める。
（2）到達目標
　①　貧しい人たちや生活上に課題や問題を抱えた人たちへの支援が，どのよう
　　　に行われていったのか理解する。
　②　産業革命が子どもに及ぼした影響について理解する。
　③　福祉の理念となった「ノーマライゼーション」について理解する。
　④　社会事業・慈善事業の発展について理解する。
　⑤　社会福祉基礎構造改革について理解する。

1　西洋における社会福祉の発展

──　事前学習　──
①　第1章の内容を理解しておく。
②　産業革命とはどのような革命だったのか，またその頃の欧州はどのような状
　　況だったのか調べておく。

（1）イギリスを中心としたヨーロッパ諸国の発展

1）福祉の始まり

10世紀頃のヨーロッパでは，領主が農奴と呼ばれる農民を支配した。領主

は広い土地を所有し，地域を形成した。農奴はほかの土地への移動を禁じられ，領主から年貢を取り立てられていた。その一方，万が一の場合には「助けあい」による保障を受けることもできた。しかし，高齢者や障害者・孤児などはその助けあいから外れ，キリスト教による慈善活動に支えられていた。慈善活動は神に対する義務として位置づけられ，教会を中心に活動が行われていたのである。

　14世紀から15世紀にかけて，伝染病による人口減少・反乱などが相次ぎ，これまで以上に不安が高まった。こうした情勢から農奴を止め，自ら農業を営む「自営農民」が増えてきた。自営農民の増加は助けあいを弱める結果になり，土地を手放す農民が出てきた。一方，戦争による浮浪者も増加し大量の貧民を生むこととなった。条例を公布するなど，対策を行ったが，急増する貧民に対処することができなかった。1536年には条例が改正され，物ごいの禁止，労働意欲のある者に仕事の提供，貧しい児童には徒弟（住み込みで仕事の教えを受ける）の強制などが行われたが効果が上がらなかった。

　1601年に「エリザベス救貧法」が制定された。救貧対策は教会が慈善事業として行っていたが，国家が実施することにしたのである。貧民の状況を3つに区別し，①「労働の能力のある者」には道具や材料を与えて労働をさせる，②「労働の能力がない者」には金品の給付を行う，③「扶養する力がない貧しい親の子ども」には徒弟を強制した。これらの事業には財源が必要だが，安定して確保するために税金を徴収するようにした。また，治安判事が担当地域の指揮を行うようにした。画期的な改正であったが，治安判事の対応に差があるなど，様々な問題が発生した。そして1642年にピューリタン革命が起こるなど，社会的に不安定な状況は依然続いたのである。

2）産業革命による労働の変化

　1760年代になり産業革命が起こった。様々な作業は手工業や農業の延長で行っていたが，機械を用いることで簡単にできるようになった。機械の動力には河川の水が必要であったが，後に蒸気機関が発明され，河川から離れた

都市でも工場を設けることが可能になった。産業革命は徐々に農業と工業とを分離し，労働者は労働力を売ることで賃金を得るようになったのである。工場では徐々に未経験者や女性，子どもを安い賃金で雇うようになり，これまで作業を行ってきた熟練の労働者は大量に失業した。このような状況から1782年にギルバート法が制定された。この法律により，低賃金により生活が困窮した貧民に対して税金から賃金補助を行ったのである。

　一方で資本家はより安い賃金で労働力を集めていった。イギリス国内の労働者の平均寿命は15歳まで低下するなど，子どもが過酷な労働を行うようになっていった。こうした状況が続くと，労働力が不足する可能が指摘されたのである。1802年に工場法という法律が定められた。子どもの労働を定めたものである。就業が可能な年齢を9歳とし，労働時間は9～18歳の場合で12時間に制限したのだ。また，労働力を確保するために，教育を受ける機会も与えられた。ペスタロッチらに影響を受けたロバート・オーウェン（Owen, R., 1771-1858年）は，1816年に経営していた工場の中に「性格形成学院」を開設したのである。

3）慈善と博愛による支援

　エリザベス救貧法が制定された以降も教会を中心とした慈善事業は継続して行われていた。しかし18世紀以降は博愛事業の比率が高くなった。慈善事業は宗教的動機が強い「神に対する義務」であった。一方で博愛事業は人道的動機が強く，事業には物，人，金が必要不可欠とされていた。実際の場面では，慈善と博愛が明確に区別されないこともあった。[1]

　イギリスは階級社会である。階級と博愛事業は密接な関係がある。特にジェントルマンと呼ばれる階級は「高貴な生まれの者は義務を負う」という生活信条をもっている。ジェントルマンは市民層と一緒にボランティアを行っていたが，徐々にこうした人道的な活動が市民層に浸透していった。「良き市民らしく」，市民層からボランティアを受けた貧民層にもモラルが広がる。こうした広がりが博愛事業の価値であり，理論とされていた。こうした広が

26

りにはジェントルマンの物，人，金の寄附が不可欠であった。

　産業革命はより貧富の差を明確にしていった。貧民はよりきびしい生活を送り，農民のなかには土地を失う人も出てきた。1830年には農民や労働者の暴動が起こり，不満が高まっていった。こうした中，民間の救済活動が活発になった。1869年には，慈善組織協会が設立された。これまで個別に活動してきた救済活動が組織として再編されたのである。慈善組織協会は助けを求めてきた人の状況を判断した。救貧法に該当しない人は慈善組織協会が状況に応じた救済を行ったのである。

　1870年代には貧民が多く居住する地域に対して，学生らがセツルメントと呼ばれるボランタリー活動を行った。環境改善や教育の普及を目指して地域に移り住み，隣人として支え合ったのである。アーノルド・トインビー（Toynbee, A., 1852-1883年）は，司祭であったバーネット（Burnett）夫妻に影響を受け，情熱的に取り組んでいた。しかし病により志半ばで帰らぬ人になった。その思いをバーネット夫妻が受け，トインビーホールを設立し，ここを拠点にセツルメント運動はさらに発展した。

4）子どもと人権への思想

　1870年，貧民学校の監督であったトーマス・ジョン・バーナード（Barnardo, T. J., 1845-1905年）は，身寄りのない貧困少年のための施設を設立した。1876年には同様に少女のための施設を設けた。施設には当初，定員があった。定員超過のため受け入れを断った子どもが，数日後に飢えと疲労で亡くなった。この痛ましい出来事を踏まえ，子どもを無条件に受け入れるようにしたのである。保証人や利用料を求めないこと，健康診断の結果で施設を決定すること，申し出を拒否しないことを基本とした。バーナードが設立した施設はドクター・バーナード・ホームとして，1970年代には100を超す施設が設けられた。また，小舎制，里親や養子制度の活用，障害のある子どもの養育など，児童の養護を大きく変える取り組みを行った。バーナードのこうした思想は日本にも伝わり，石井十次らがモデルにした。

1900年，スウェーデンのエレン・ケイ（Key, E., 1849-1926年）が『児童の世紀』を著した。産業革命の影響を受け，スウェーデンでも女性が酷使されていた。また託児所もなく，乳幼児は置き去りになっていたため死亡率が高かった。こうした状況をつぶさに観察し，大人とは異なる独自の「子ども」としての存在に注目した。教育により子どもの権利を保証しようとしたのである。

　1911年，ポーランドで小児科医をしていたヤヌシュ・コルチャック（Korczak, J., 1878-1942年）らが「ドム・シエロット」を設立した。「ドム・シエロット」とはポーランド語で「孤児の家」という意味である。院長になったコルチャックは，100人近い子どもの共同生活を重視した。その一方で「孤児の家」という名前が示すように，家庭に近い環境を作ろうとした。こうしたエレン・ケイやコルチャックの思想は，後の子どもの権利条約に生かされることになる。

5）福祉の見直しノーマライゼーションと地域の福祉

　1905年，救貧法と貧困救済を調査する委員会が設立された。委員会から報告書が提出され，この報告を元に改善が行われた。1908年には税金で負担する老齢年金が実施された。次いで1911年には加入者から保険料を徴収し，雇用主にも事業者負担をさせる社会保険方式での国民保険が実施された。

　1942年「ベヴァリッジ報告」が公表された。「揺りかごから墓場まで」の生活保障を目指した。国が全国民に最低生活を保障する「ナショナルミニマム」は，先進国の福祉政策に大きな影響を与えた。しかし，世界的な不況が起こり，福祉見直しの声が高まっていった。

　1959年，デンマークでバンク－ミケルセン（Bank-Mikkelsen, N., 1919-1990年）が知的障害者法の制定に携わった。その際，前文に「知的障害者の生活を可能な限り通常の生活に近づける」という一文を著した。これがノーマライゼーションの始まりとなった。私たちは誰もが生活上何らかの条件や制限，問題や課題をもっている。それは，障害の有無にかかわらずである。社会の

環境や状況を改善し，誰もが同じで対等・平等な社会をつくることで，みんなが同じように生活しやすい状況をつくるという考え方である。バンク‐ミケルセン以降，様々な立場による定義が示された。バンク‐ミケルセンは知的障害者の施設内での生活を対象としたが，身体障害者，高齢者，児童，地域住民と拡大し，一方でグループホームや在宅，地域の生活へと拡大していった。また，物理的な問題だけではなく，差別などの意識をも対象としていった。こうした広がりによりノーマライゼーションは「ノーマル（通常・普通）にすること」として福祉の基本的な理念となっていった。

　1968年，イギリスで「シーボーム報告」が提出された。社会福祉のサービスは，政府から住民に近い地方自治体へ移行されていったのである。1988年のグリフィス報告は，コミュニティを基盤にした福祉の提言を行った。さらにノーマライゼーションの理念をも取り入れながら，1990年には「コミュニティ・ケア法」が制定された。生まれた場所，家族，生活していた地域から離れ，病院や施設に収容されることで長期のケアや隔離された生活を転換し「脱施設」が行われた。地域に戻り，地域で暮らしながらケアを受けることになったのである。

── コラム 3　ノーマライゼーション ──

　「ノーマライゼーション」──この言葉が公式に用いられたのは，1946年にスウェーデンの雇用検討委員会報告書である。1951年，デンマークで知的障害者親の会が結成された。この際，3つのスローガンが掲げられた。

　　①　施設は少人数・小規模なものに改めること
　　②　その施設は親や親せきが生活する地域に設けること
　　③　ほかの子どもと同じように教育を受ける機会をもたせること

　このスローガンを「ノーマリゼーリング（ノーマライゼーション）」というシンボル的な言葉をもちいて表現したのである。

　バンク‐ミケルセンの努力により，1959年にはノーマライゼーションの理念を盛り込んだ「知的障害者福祉法」が成立した。条文に「知的障害者の生活を可能

な限りノーマルな条件に近づける」という内容を明文化した。1969年には，ニィリエ（Nirje, B., 1924-2006年）の著書『ノーマライゼーションの原理』が世界的な反響を呼ぶ。それを受け，1971年の国連「知的障害者権利宣言」において「ノーマライゼーション」という言葉が公式に採用されることとなった。わが国で広く認識されたのは，国連が1981年を「国際障害者年」と制定したことによるものである。これ以降ノーマライゼーションは日本の福祉政策においても，基本的な理念となった。

　ノーマライゼーション理念の幅が広がる中で「バリアフリー」も進んだ。バリアフリーは障害者が社会参加する際のバリアを軽くしたり，取り去ったりする取り組みである。道路の段差を小さくしたり，スロープ（傾きのゆるやかな坂）にしたりするのもバリアフリーである。さらにはユニバーサルデザイン（文化や国籍，障害や能力を問わず，誰もが利用しやすい施設・設備・製品などのデザイン）もあらゆるものへ適応されている。

　ノーマライゼーションには，人の姿や生活，生き方を想像し，その人の立場に立った視点が必要である。これは福祉政策の話ではなく，福祉や保育，教育を行う私たち一人ひとりにもあてはまることである。見知らぬ人に「私には無関係の人だから何をしても良い」と思っていては，ノーマライゼーションにはほど遠い。福祉を発展させてきた人びとは，周囲の人へ関心をもって支えてきた。今，保育や福祉，教育の現場で努力を続けている人も同じように，周囲の人へ関心をもって支えている。

　本書で学んでいるあなたも，ただ「福祉の歴史を学んだ」のではなく，「私も同じ道を歩く」意識をもってほしいと願っている。

（2）アメリカの福祉の発展

1）植民地時代からの発展

　アメリカはイギリスの植民地であった。一攫千金を目指して移住してきた人たちであったが，成功者になれたのは一部であった。病気やけがで労働できなくなる人，不景気で貧しくなる人が徐々に増加した。そこで，イギリスのエリザベス救貧法のような「救貧法」を設ける地域が出てきたのである。独立後は教会との分離が行われ，カウンティ（郡）を行政の単位とした救貧制度が実施された。

1815年からは深刻な不況となり，マサチューセッツ州の「クインシー・レポート」，ニューヨーク州の「イエーツ・レポート」など貧困に関する報告書が作成された。これらの報告言をきっかけに救済制度の見直しが行われ，1860年までにはほとんどの地域で貧民院が建設された。

2）慈善事業と福祉の発展

19世紀初頭，慈善事業が活発化し各地で組織化も行われた。AICP（貧民状態改良協会）が代表的な組織である。こうした組織の活動目的は「自分たちの財産と生命を守るために秩序ある社会をつくる」ことであった。自分たちの街を守る活動であり「危険な青少年」を自らの街から遠ざけるために，遠方の農家に送り込む組織も存在したのである。

1873年から世界的な大不況に見舞われた。イギリスから導入された「慈善組織協会」が各地に広がった。1917年，リッチモンド（Richmond, M., 1861-1928年）はケースワーク論をまとめ「社会診断」を出版した。また1922年にはケースワークの基本理念をまとめた『ソーシャル・ケース・ワークとは何か』を出版した。リッチモンドはボルチモア慈善組織協会に勤務し，支援を行う中で担当者による活動を重視し・訓練の必要性を訴えた。人間と社会の間を個別に，そして意図的に調整することでパーソナリティを発達させる過程をソーシャルワークと定義し，ソーシャルワークを構築した。

1889年，アダムズ（Addams, J., 1860-1935年）はシカゴの貧民街にハル・ハウスを設けた。アダムズはトインビー・ホールでバーネット夫妻らからセツルメントを学んだ。ハル・ハウスは社会改良活動の拠点となった。活動は革命的な手段はとらず，あくまでもボランタリー精神に基づいた行動によって問題を解決し，社会を改善しようとするものであった。

1929年に株が大暴落し，失業率が25％近くにもなった。1933年，大統領に就任したルーズヴェルトは積極的に金融機関や産業界に介入した。失業者と貧困者に対して「連邦緊急救済法」を制定し，救済水準の引き上げ，専門職の採用をすすめた。この対策は「ニューディール政策」と呼ばれた。1935年

には老齢年金制度，失業保険制度，老人扶助，要扶養児童扶助，盲人扶助を内容とした社会保障法が制定された。生活保障のための画期的な制度であった。

3）貧困への支援

　1964年，人種や肌の色，宗教などでの差別を禁止した公民権法が制定された。1965年には連邦・州・地方政府が連携し，高齢者が包括的に均一したサービスを受けられるようにした高齢者法が制定されるなど，社会福祉政策が次々と行われるようになった。その一方で，公的扶助を受ける人が増加し，引き締めを行った。1959年，連邦議会に対して「1957年時点で，全人口の19％に当たる3,220万人の人が最低所得水準以下」だとする報告が提出された。その後，こうした報告が相次いで行われることとなった。機会を提供し，自力で貧困を抜けられるようにする方法では，根本的な解決は困難だと認識されるようになった。こうした従来の方法に対応すべく，1960年代にはすべての人が等しく平等に国家から自分の存在を保障されるべきだという「福祉権運動」が起こった。しかし，結局は「機会を提供し，自力で貧困を抜けられるようにする」かたちへと戻った。建国以来の「貧困であるのは本人に原因があり，その原因は怠けた態度や心があるからだ」とする認識に戻るのである。

事後学習

① 　ヨーロッパとアメリカ，それぞれに貧困対策が行われていた。簡単な年表をつくって比較してみよう。
② 　北欧で提唱されたノーマライゼーションであるが，アメリカではどのようにノーマライゼーションの理念が生かされているのか調べてみよう。

2　日本における社会福祉の発展

事前学習

① 　明治〜大正の日本の景気はどのような状況だったのか調べておく。

② 　第二次世界大戦が終わった後の日本は，どのような状況だったのか調べておく。

（1）福祉の始まり──第二次世界大戦までの発展

1）福祉と救済

　593（推古元）年，現在の大阪に四天王寺が建設された。仏教や儒教が，漢字などとともに日本へ伝えられた頃である。四天王寺には，寺院である敬田院，薬草を栽培し製薬した施薬院，病院となる療病院，孤児や身寄りのない高齢者のための施設である悲田院の 4 つを設けられた。これが，救済・慈善事業の一つ「四箇院」であり，日本での福祉の起こりである。四箇院の設置には聖徳太子が力を入れたとも言われている。聖徳太子の存在については諸説あるが，いずれにせよ，こうした福祉的な取り組みが組織的に行われたのは事実である。この取り組みは，仏教における慈善活動の始まりともいわれている。高齢者や病気の人を近親者が支え，近親者がいない場合は近隣の人たちで支える「戸令」や，貧民を救済するために米や塩などを給付する「賑給」という制度があった。日本では古くから救済制度が設けられていたのである。しかし，こうした制度も全国で統一したものではなかった。そのため近隣や親族の助け合いによるものが中心であった。その助け合いがない場合は，寺院が支援を行っていた。

2）社会事業・慈善事業の発展

　明治になると廃藩置県が行われた。各府県は，基本的には藩から対応を引き継ぎ，それぞれに貧民を救済していたのである。1869（明治 2）年，日田

県（現・大分県）の初代県令（現在の県知事）であった松方正義が「日田養育館」を設置した。捨て子などに対応するためである。1871（明治4）年には，政府が棄児（幼い頃に捨てられた子ども）を養育する者に対し，毎年米を支給する棄児養育米給与方を公布した。1873（明治6）年には東京に「養育院」が設けられた。養育院は，窮民，棄児，迷児（親から捨てられて浮浪している子ども），遺児（服役などの理由で親が養育できない子ども），感化が必要とされる子どもを収容した。不況となり，街には保護者のいない子どもがあふれていたのである。

　1874（明治7）年，「恤救規則」が制定された。国として初めて貧民対応を行ったのである。当時は家族や親族が扶養（生活の面倒をみる）するか，近隣の人たちの相互扶助（お互いに支え合う）を原則としていた。不要や相互扶助を受けることができない人をだけを対象に，国は支援を行うものであった。恤救規則の対象者はかなり限定され，支給される米もようやく命を維持できる程度であった。社会の発展によって富む人が出てきた一方，長時間労働や低賃金，病気・けがで失業する人も出てきた。そうした状況を打開しようと慈善事業を行う人々が現れたのである。公的支援の対象にならない人はこうした民間の活動が支えたのである。

　1891（明治24）年，濃尾地震が発生した。立教女学校の教頭であった石井亮一は，地震により孤児となった女子が身売りされていることを知った。この女子を救うために「孤女学院」を設立したのである。弧女学院には知的に障害がある児童が入所していた。それをきっかけとし，亮一は知的障害に関心をもち，アメリカで実地研修や研究を行った。1897（明治30）年に「滝乃川学園」へ名称変更するとともに，知的障害児のみ受け入れを開始した。その一方で「保母養成部」を開設し，「孤女学院」から引き続き在籍する女子に，知的障害児への教育法を学ばせたのである。卒業後に自立した生活ができることを目指した。

　1899（明治32）年，留岡幸助は1人の少年を預かり感化院としての活動を

始めた。この感化院に「家庭学校」と名付けた。「家庭にして学校」「学校にして家庭」という考えを反映させたものである。「師範部」を設置し，慈善事業を行う者を育てた。「報徳思想」（自身が行った社会貢献は，いつか自分の身に戻るという二宮尊徳が広めた思想）の普及にも力を入れるなど，幅広い活動を行った。幸助は元々，教会の牧師であった。後に，北海道空知集治監の教誨師になり，受刑者の面談を行っていた。面談を重ねる中で，家庭や生育環境の問題が犯罪の要因であることに気づき，渡米して感化教育を学んだのである。

　1887（明治20）年，石井十次が孤児教育会を設立し，3人の子どもたちを育てはじめた。新聞で紹介された際，施設名が「岡山孤児院」と記され，この名前が広がった。十次は，子どもが将来的に農民として自立できるよう，ライフステージを考慮した養育を行った。また，少人数で家族のような生活，体罰を行わない，バーナードホームの実践を取り入れるなど，現在の児童養護施設にもつながる取り組みを行った。

　1900（明治33）年，幼稚園の教員であった野口幽香と森島峰が「二葉幼稚園」を開設した。「理想の幼稚園」として，貧しい子どもを対象とした保育に取り組んだ。家庭状況を改善するために，貧しさのために登校できない小学生や，貧しい母子家庭への支援も行うようになった。1916（大正5）年，二葉幼稚園は「二葉保育園」と名前を変更し，保育所へ転換した。この当時，裕福な家庭の子どもに保育を行う幼稚園と，社会事業（現在の社会福祉）として設置が進められてきた保育所の位置づけを考え，貧しい子どもたちへの保育に情熱をそそぐ幽香は現実に近い方を選択したのである。

3）「産めよ，殖やせよ」

　家庭学校が設立された翌年の1900（明治33）年，「感化法」が制定された。非行を行った少年は保護され，大人とは異なる「感化院」に入所させ更生させるように改めたのである。1929（昭和4）年に恤救規則は救護法へ改正され，13歳以下の児童と妊産婦についても規定が加わった。1936（昭和11）年，

方面委員制度が実施された。方面委員は担当区域に在住する貧民を訪問し，問題の早期解決を図った。翌1937（昭和12）年には母子保護法，さらに翌1938（昭和13）年には社会事業法が制定された。

　第二次世界大戦へと向かうなか，1941（昭和16）年「人口政策確立要綱」が閣議決定された。「産めよ，殖やせよ」は，当時の状況を示すスローガンである。機械化が進んでいなかった当時，何ごとにも人の手が必要であった。戦争にも人が必要であり，人口増加は欠かせない。そこで，子どもを産み育てることを国が勧めたのである。こうした戦争をきっかけに，人口政策や福祉制度が整備されるのは，諸外国でも見られることである。1942（昭和17）年には「妊産婦手帳」（現在の母子健康手帳の原型）の制度が始まった。食料を含む物品は1人分の量が定められて配給されていた。この手帳を持参することで米が多く配給されるなどの特典を受けることができたのである。妊産婦⁽³⁾手帳は成果がみられたことから，第二次世界大戦後も制度が継続したのである。

（2）第二次世界大戦以降の発展

1）第二次世界大戦の爪あと——戦災孤児と失業者

　第二次世界大戦が終結を迎えたが，多くの問題を抱えることになった。戦争で身寄りを失った「戦争孤児」。軍関係の工場が閉鎖されたことによる大量の「失業者」。戦地などから戻ってきた「引き揚げ者」による人口増加と食糧の不足。インフレーションも発生した。戦争を生き延びても，餓死で命を失う人もでてきた。都市部では戦争孤児があふれかえり，集団で悪事に手を染めるなどの状況もでてきた。進駐してきた連合国軍は福祉救済に関して，国家責任，無差別，最低の生活保障の3原則を示したのである。大日本帝国憲法を改廃し，1946（昭和21）年に日本国憲法が公布された。次いで（旧）生活保護法が制定された。1947（昭和22）年には児童福祉法，1949（昭和24）年に身体障害者福祉法，1950（昭和25）年には新たな生活保護法を制定させ

た。この３つの法律を「社会福祉三法」と呼び，終戦直後は国民生活の保護を中心とした対応が行われたのである。

　「児童福祉法」は戦後に国民の中に芽生えた児童観を表した。将来の戦力を目指した「産めよ，殖やせよ」から脱却し，児童を愛護する対象として位置づけたのである。作成者である厚生省（現・厚生労働省）の松崎芳伸は，草案に「すべて児童は歴史の希望である」という文言を入れるなど，国民が新たな児童観をもって戦後の日本をつくろうとした志を示した。⁽⁴⁾

　1951（昭和26）年，社会福祉全般について規定した社会福祉事業法が制定された。1960（昭和35）年には精神薄弱者（現・知的障害者）福祉法，1963（昭和38）年に老人福祉法，1964（昭和39）年に母子福祉法の３つの法律が制定された。この３つの法律と先の「社会福祉三法」を加えた６つの法律は「社会福祉六法」と呼ばれている。これらの法律が制定されたことにより，様々な状況で支援を必要とする人を支える基本的な法律が完成した。

　一方，1946（昭和21）年，糸賀一雄が現在の児童養護施設と知的障害児施設の機能を合わせもつ「近江学園」を設立した。職員は住み込みで生活し，給料はすべて集められて運営と職員の生活費にあてられるなど，他の施設にはない運営方法を採用した。糸賀は滋賀県庁に勤務し，社会事業を担当した。戦前，虚弱な児童に対する生活と学習を指導する「三津浜学園」を設立した。後に，知的に障害のある児童の施設「石山学園」も設立し，施設の充実に力を注いだ。あわれみではなく，子どもたち自身が輝く素材であり，この素材をさらに輝かそうと「この子らを世の光に」という言葉を掲げて精力的に活動した。

２）少子高齢化時代への対応

　1961（昭和36）年に児童扶養手当法，次いで1964（昭和39）年には特別児童扶養手当法が成立した。ひとり親や障害のある子どもを養育する親を対象として，子どもの福祉を増進させる制度を充実させた。また1958（昭和33）年には国民健康保険法が成立した。すべての国民が何らかの医療保険に加入す

る「皆保険制度」へと移行した。さらに1959（昭和34）年には国民年金法が成立。すべての国民が何らかの年金に加入する「皆年金制度」へ移行したのである。こうして，すべての国民が安心して医療を受けられ，老後の生活を安定させる制度が導入された。その結果，リスクの低減，給付と負担の公平化を実現し，死亡率の低下や高齢者世帯の生活水準を向上させた。総人口に占める高齢者の割合は1970（昭和45）年の時点で7.1％となり，2010（平成22）年には23.0％となった。2040年には35.3％になると予測されている。⁽⁵⁾

　一方，出生数，合計特殊出生率は第1次ベビーブームが起こった1947（昭和22）年から1949（昭和24）年にかけて高くなっていった。一度は下降するものの再度上昇し，1971（昭和46）年から1974（昭和49）年には第2次ベビーブームが起こった。その後は出生数，合計特殊出生率とも下降し，少子化が高齢化割合を後押しし，高齢化率を上昇させた形となったのである。こうしたなか1990（平成2）年に「1.57ショック」と呼ばれる問題が起こった。1.57とは平成元年の合計特殊出生率の値である。第2次ベビーブームに向かって合計特殊出生率が上昇する1960年代，「ひのえうま」と呼ばれる年があった。ひのえうまにまつわる迷信により1966（昭和41）年は出産が控えられた。合計特殊出生率はこの年のみ急激に落ち込み，過去最低の1.58を記録したのである。その後，合計特殊出生率は第2次ベビーブームを境に下降し続けた。1989（平成元）年には1.57まで減少した。過去最低であった1.58を下回ったため，「1.57ショック」と呼ばれる大変なショックを与えたのである。

3）社会福祉の基礎を変える──社会福祉基礎構造改革

　少子高齢化の深刻な推計が出された。このまま何も手を打たなければ財源が大きく不足し，福祉が立ち行かなくなることが予測された。体力があるうちに改革を行い，福祉サービスを改善しようと「社会福祉基礎構造改革」が行われた。従来，福祉サービスは必要としている人を対象に実施していた。基礎となっていたこの仕組みを大きく転換し，すべての国民を対象としたのである。関連する法やサービスを見直し，改革を行った。改革の柱は様々な

立場によって示される内容が異なるが，ここでは以下の 4 点を重要な変化として示す。

　1 点目は，個人の尊厳である。従来は対象者やサービスを行政が決める「措置制度」であった。これを，サービスを利用する者がサービスを提供する者を決めることにした。措置とは異なり，受けたいサービスを自ら決定することができる。利用者と提供者は対等であり，利用者にも自己責任が求められるようになった。

　2 点目は，サービスの向上である。サービスの提供者は，自己点検を行い，第三者による評価を受け，これらの結果をネットなどで公開することになった。苦情と対応などの情報を公開することで，サービス向上を行うのである。情報は利用者が提供者を選ぶ際の参考となる。苦情を受け止め，改善しないサービス提供者は，利用者が少なくなる。つぶれることもあるのだ。

　3 点目は，多様なサービスの提供と参入である。従来はなかった相談事業や手話通訳などのサービスが提供できるようになった。また，サービス提供者は設立に多額の資金が必要な社会福祉法人を設立しなければならなかった。これを見直し，株式会社などの新たな企業が提供者になれるようになった。これにより，利用者は多くの提供者から自らに適したサービスを選択することができるようになる。

　4 点目は，地域福祉の重視である。障害や年齢などにかかわらず，地域の中で「その人らしい生活」を送れることを目指した。地域の特性と，地域を構成する住民・企業・組織・団体・サークルを活用するようにしたのである。都道府県・市町村には地域福祉の計画を策定させ，都道府県が行っていた業務のうち，一部は住民により近い市町村に移行させた。

4）子育てと支援

　1989年，「子どもの権利条約」が国連で採択されたことによって，従来の「児童は保護される存在」から「児童は権利をもつ主体」へと児童観が大きく転換された。また子育ての責任はその父母が第一義的責任をもつものとし，

その責任を果たすために国が適切な援助を行うことを定めた。条約の誕生には，エレン・ケイの児童論，コルチャックの思想や取り組みなどが取り入れられたのは先述の通りである。コルチャックは，自発的な子どもの生活をつくるために「大人に保護された子ども」という従来の子ども観を否定していた。善でも悪でもない，様々な可能性をもつ「子ども」と位置づけていたのである。こうした思いを彼の祖国ポーランドが国連に提案したのである。

　一方，日本は国連で採択された後，1994年になり批准（同意）した。批准までに時間を要したのは，国内の法律や体制の改正や整備が必要であったためである。たとえば子育ての責任は父母が第一義的責任をもつとして，その責任を果たすための「適切な支援」をどのように実施すれば良いのか，検討や体制づくりに時間が必要だったのである。また，「子どもの権利条約」が国連で採択された1989年は，「1.57ショック」と呼ばれる合計特殊出生率が1.57になった年でもある。条約の「子育て支援」と国内の「少子化対策」という異なる出発点ではあったが，児童の福祉を向上させる取り組みが相次いで行われた。こうした変化により，児童福祉の対象として新たに「子育て中の家庭」が加わったのである。

　令和に入り，2022（令和4）年にはこども家庭庁の設置が決まり，こども基本法が制定された。こども家庭庁は内閣府の子ども・子育て本部，厚生労働省の子ども家庭局が移管され2023年に発足する。

┌─── コラム4　他者に対する変わらぬ気持ち ───┐

　「ネアンデルタール人」は，約20万年前から約2万4,000年前に生息し，現代に生きる私たち「ホモ・サピエンス」に近い「人類」である。ネアンデルタール人は死亡すると，残された者が色鮮やかな花の咲く薬草を添えて埋葬していたとの研究が発表されている。私たちホモ・サピエンスが誕生する前から，この地球では薬草で病やけがを治し，亡くなった者には花を添えて悼む行為が営まれてきたのである。

　ネアンデルタール人が生きていた時代から，私たちが生きる「現代」に至るまで，社会は大きく変化した。しかし，私たち人類が他者を思い，病やケガを負っ

た弱者には手をさしのべ，亡くなった者に対してかなしむ気持ちは今も変わらない。

事後学習

① 　Dr. バーナードの思想は，石井十次らに影響を与えている。石井十次の他，誰に影響を与えたのか，どのように影響を与えたのか，詳しく調べてみよう。

② 　本章では「社会福祉基礎構造改革」を4つの柱で説明した。この他，社会福祉基礎構造改革はどのように説明されているのか調べてみよう。

重要語句

・インフレーション

　物の値段が上昇し続け，貨幣（お金）の価値が下がること。

・感化教育

　考え方や生き方に影響を与えて，自然に変化させること。

・教 誨 師
　きょう かい し

　受刑者に改心するよう教え諭す人。

・合計特殊出生率

　その年に15〜49歳の間にある年齢の女性が，一生の間で出産する子どもの平均数を示した統計上の数値。

・集 治 監

　現在の刑務所。

・セツルメント

　貧民が多く住む街で一緒に寝泊まりしながら隣人として「支援する者」と「支援される者」との間に友人関係を結びながら関わり，教育や教養を高める活動や生活を改善する取り組み。

注

(1)　吉田久一・岡田英己子『社会福祉思想史入門』勁草書房，2000年，20-21・85-94頁。

(2)　和宗総本山四天王寺『四天王寺の歴史』（https://www.shitennoji.or.jp/history.

html，2022年12月26日アクセス）。

(3) 森田せつ子「母子健康手帳――今昔」『健康文化』26，健康文化振興財団，2000年，1-4頁。

(4) 網野武博「児童福祉法改正の評価と課題――児童家庭福祉の理念および公的責任」『季刊社会保障研究』34(1)，1998年，4-13頁。

(5) 内閣府『高齢社会白書 令和4年版』2022年，4頁。

参考文献

稲沢公一・岩崎晋也『社会福祉をつかむ 第3版』有斐閣，2019年。

右田紀久惠・高澤武司・古川孝順編『社会福祉の歴史――政策と運動の展開 新版』有斐閣，2001年。

大澤亜里「コルチャックの孤児院ドム・シェロットの設立と歴史的背景」『北海道大学大学院教育学研究院紀要』120，2014年，53-81頁。

乙訓稔「子どもの権利論の系譜と展開――E・ケイとJ・コルチャックを焦点として」『生活科学部紀要』46，実践女子大学，2009年，61-71頁。

小山修三「第25回ネアンデルタール人花の埋葬」『縄文ファン連載企画 小山センセイの縄文徒然草』（http://aomori-jomon.jp/essay/?p=6340，2021年10月1日アクセス）。

清水教惠・朴光駿編著『よくわかる社会福祉の歴史』ミネルヴァ書房，2011年。

野村武夫『ノーマライゼーションが生まれた国・デンマーク』ミネルヴァ書房，2004年。

野村武夫「N. E. バンク-ミケルセン」室田保夫編著『人物でよむ西洋社会福祉のあゆみ』ミネルヴァ書房，2013年，227-233頁。

室田保夫編著『人物でよむ近代日本社会福祉のあゆみ』ミネルヴァ書房，2006年。

室田保夫編著『人物でよむ西洋社会福祉のあゆみ』ミネルヴァ書房，2013年。

山縣文治・岡田忠克編『よくわかる社会福祉 第10版』ミネルヴァ書房，2014年。

山縣文治・柏女霊峰編『社会福祉用語辞典 第9版』ミネルヴァ書房，2013年。

吉田久一『新・日本社会事業の歴史』勁草書房，2004年

第 3 章　社会福祉の制度と行財政

本章の概要と到達目標

（1）概　要

　社会福祉制度は，それぞれの根拠法に基づいて運営されている。社会福祉制度を社会資源として活用し，サービスとして利用者に提供するためには，サービス提供者である私たちが各種制度の内容を詳細に把握しておくことが不可欠である。

　本章では，社会福祉の法制度と行財政の仕組みについて学ぶ。単に知識としてではなく，子どもや保護者が安心して生活を送るためのいわば「道具」として制度を活用するための術を学んでほしい。

（2）到達目標

① 日本の社会保障制度の概要について理解する。

② 児童福祉法制度に関する知識について理解する。

③ 児童福祉の実施機関の概要について理解する。

④ 具体的な援助場面を想定して，活用できる社会資源について理解する。

1　社会福祉の制度・法体系および社会福祉行財政

事前学習

① 「社会保険」と「公的扶助」の関係を調べておく。

② 「積立方式」と「賦課方式」の意味を調べておく。

③ 自身の1カ月の生活費と収入の関係を調べてみる。

④ 生活保護基準から自身の最低生活費を算定してみる。

　社会福祉とは何か？　この問いに対しては，古今東西様々な研究者が各々の定義を提供してきた。もちろん，社会の発展とともに「社会福祉」の思想や理念は流動的に変化しているし，その構成要素も広がりをみせてきた。

　現代日本の社会福祉制度が第二次世界大戦前に創設された救貧制度の影響を受けつつも，戦後に現代の骨格が形成されたことは周知の史実である。「社会福祉」の形成と発展は，戦争という悲劇への反省が生み出した「世界

人権宣言」（1948年）に代表される社会権の発展と両輪の関係にあった。そして日本における社会権と社会福祉の具体的関係性を最も端的に体現しているのが，日本国憲法第25条における生存権条項であろう。戦後日本の社会福祉は生存権を基本理念とし，生活保護法，児童福祉法，身体障害者福祉法の制定を受けて順次スタートし（福祉三法体制），現代の社会保障制度の基礎となった。

　この社会保障制度という言葉から，私たち何を思い浮かべるだろうか。おそらく医療や年金，介護保険などの制度を思い浮かべるであろう。しかし，保育所や児童養護施設などの児童福祉施設はもちろんのこと，その担い手となる保育士や社会福祉士，介護福祉士といった人材養成もまた広い意味で社会保障制度のなかに含まれている。私たちは意識するしないにかかわらず，社会保障制度を利用しながら日々の生活を営んでいる。このように私たちにとって身近な社会保障制度とはどのような働きをしているのか。最初にこの問題について考えていきたい。

　わが国における社会保障及び社会福祉の定義の中で最も広く浸透してきたのは，1950（昭和25）年の社会保障制度審議会勧告における定義であろう。同勧告では社会保障制度を「疾病，負傷，分娩，廃疾，死亡，老齢，失業，多子その他困窮の原因に対し，保険的方法又は直接公の負担において経済保障の途を講じ，生活困窮に陥った者に対しては，国家扶助によって最低限度の生活を保障するとともに，公衆衛生及び社会福祉の向上を図り，もってすべての国民が文化的社会の成員たるに値する生活を営むことができるようにすること」と定義づけている。つまり，社会保障制度を狭義にとらえれば，社会保険，国家扶助（公的扶助），公衆衛生及び医療，社会福祉をその範疇に組み入れることができる。一方で，現代の社会保障制度は住宅政策や雇用政策，教育政策とも密接に関連しており，このような関連制度も社会保障制度の概念に組み入れる主張も存在する（広義の社会保障）。

　現代の日本の社会保障制度は，大きく分けて社会保険制度（年金保険・医

療保険・労働災害保険・雇用保険），公的扶助制度（生活保護制度），社会手当（児童手当・児童扶養手当など）の３つの制度によって構成されている。本節では，社会保障の財源，社会保険，公的扶助を中心に日本の社会保障制度の仕組みを解説していく。

　以下，日本の社会保険制度（年金保険・医療保険・労働者災害補償保険・雇用保険・介護保険）と公的扶助制度（生活保護制度）の内容について解説する。

（1）年金保険

　日本の年金制度は，大きく国民年金，厚生年金・共済年金の３種類に分類される。さらに，日本の年金制度は三段階構成になっており，一階部分には基礎年金制度としての国民年金が，二階部分には厚生年金や共済年金が，さらに三階部分には厚生年金基金や確定給付企業年金，確定拠出年金などが位置づけられている。

　日本の基礎年金となる国民年金は，20歳以上60歳未満の国民の加入が義務づけられている。実際の給付の種類は老齢給付，障害給付，遺族給付の３種類があり，国民年金としては老齢基礎年金，障害基礎年金，遺族基礎年金がそれぞれ支給される。給付の条件となる国民年金保険料は，第一号被保険者（自営業者や学生），第二号被保険者（主にサラリーマンなどの被用者），第三号被保険者（第二号被保険者の配偶者）によってそれぞれ異なる。一例として第一号被保険者の保険料を取り上げてみると，2022（令和４）年度で月額１万6,590円となっている。低所得者に対しては，保険料の免除を受けられる申請免除制度などがある。

　老齢基礎年金は，25年以上保険料を納めた者が原則65歳に達した際に受給することができる。20歳で加入して45年間保険料を完納すると，満額77万7,800円（2022年度の場合）が支給される。なお，老齢基礎年金は受給資格のある原則65歳以上の者が受給できるが，60歳からの繰り上げ受給も可能である（その場合には年金支給額が一部カットされる）。

　障害基礎年金は，被保険者が障害認定を受けた場合に支給される。障害基礎年金の支給は，被保険者の保険料納付が被保険者期間の3分の2以上あることが条件となっている。

　遺族基礎年金は，被保険者等が死亡した場合に，18歳未満の児童がいることを条件に支給される。遺族基礎年金の支給は障害基礎年金と同様に，被保険者の保険料納付が被保険者期間の3分の2以上あることが条件となっている。

（2）医療保険

　日本における医療サービスの特徴は，すべての国民が何からの公的な医療保険制度に加入する国民皆保険体制にある。つまり，社会保険としての医療保険制度に加入し保険料を納めることで，疾病や傷害を患った場合に一部の自己負担のみで治療や投薬などの保険医療サービスを身近に受給することができる。

　日本における公的医療保険は公的年金制度と同様に，その内容は職域によって異なる。代表的な医療保険制度には主に自営業者を対象とした国民健康保険や，サラリーマンを対象とした健康保険，公務員を対象とした公務員共済，船員保険などがある。投薬や手術など保険医療サービスに要した費用のなかで，被保険者である国民が保険医療機関や薬局の窓口で支払う自己負担額は原則3割である。残りの7割が保険給付として，それぞれの保険を運営する保険者から審査支払機関を通して医療機関に支払われる。なお，現在多くの疾病，傷害が保険診療の対象となっているが，健康診断や美容整形，通常分娩による出産にかかる費用などは保険診療の対象とはならない（全額が患者の自己負担となる）。

　なお，かつては退職後の高齢者は国民健康保険に加入することが一般的であったが，急速な少子高齢化にともない高齢者医療にかかる費用は増加の一途をたどり，国民健康保険制度の維持が困難な状況に陥った。こうした状況

のなかで2008（平成20）年に創設されたのが，後期高齢者医療制度である。同制度の創設により，75歳以上の高齢者（65歳以上で寝たきりの状態にある者をふくむ）は，全員同制度に組み入れられることになった。給付内容は他の保険制度と同様であるが，自己負担額は原則1割（現役世代並みの所得がある者は3割）である。また介護保険の自己負担額と同制度の自己負担額の合算額が限度額を超えた場合には，その額が払い戻しされる高額介護合算療養費制度が2008（平成20）年に創設された。

（3）労働者災害補償保険

　1947（昭和22）年に創設された労働者災害補償保険制度は，労働者が職務中に傷病に罹った場合や死亡した場合に補償を行う制度である。労働者に対して確実な補償を行うことで，労働者とその家族の生活を支援し，労働時間や労働環境などの適切な労働条件を整備するための制度でもある。

　労働者災害補償保険の大きな特徴は，他の社会保険制度とは異なり労働者の保険料拠出がなく，財源はすべて国庫補助および労働者の雇用主が負担する点にある。また，労働災害の発生率は業種によって異なるため，雇用主が負担する保険料も業種によって異なるという特徴をもつ。補償の前提となる労災認定は，労働基準監督署が行う。労災は大きく業務災害と通勤災害に区別することができ（労働者災害補償保険法第7条），保険給付もそれぞれ療養給付等の現物給付と，休業給付，傷病給付，傷害給付等の現金給付に分かれている。

（4）雇用保険

　失業はすべての労働者が直面する可能性のある，資本主義社会における代表的な生活上のリスクである。失業は即座に生活困難に直結するが，そうしたリスクを事前に予測して失業した場合に必要な資金を給付したり，再雇用に必要な技術を提供したりするなどの一連の対応策が雇用保険によって提供

されている。現在の雇用保険制度は，1974（昭和49）年に制定された「雇用保険法」に基づいて国が保険者となり運営されている。雇用保険の財源は，事業主と被雇用者（労働者）が拠出する保険料と国庫負担によって構成されている。

　雇用保険制度による給付の基本となる失業等給付は，雇用保険法第10条に基づき求職者給付（基本手当てなど），就職促進給付，教育訓練給付，雇用継続給付（高年齢雇用継続給付・育児休業給付・介護休業給付）に分けられる。その他，雇用保険制度は失業者に対する経済的支援のみならず，再就職の促進や失業の予防を目的とした雇用安定事業や能力開発事業についても重要な位置づけを与えている（雇用保険法第3条）。

（5）介護保険

　介護保険制度は，2000（平成12）年に施行された新しい社会保険制度である。その目的は高齢化の進展にともない問題化していた「社会的入院」を解消するため，医療ニーズとは異なる「介護」を医療保険制度から切り離すことで，医療保険が抱えていた財源の圧迫を解消することにあった。

　1997（平成9）年に公布された介護保険法第1条には，「この法律は，加齢に伴って生ずる心身の変化に起因する疾病等により要介護状態となり，入浴，排せつ，食事等の介護，機能訓練並びに看護及び療養上の管理その他の医療を要する者等について，これらの者が尊厳を保持し，その有する能力に応じ自立した日常生活を営むことができるよう」とその目的が掲げられている。つまり，高齢者の「自立」こそが介護保険制度の基本理念となっている。

　介護保険制度の保険者は各市町村および特別区である（第3条）。一方，被保険者は第一号被保険者（65歳以上の高齢者）と第二号被保険者（40歳以上65歳未満の医療保険加入者）の2つに区分される（第9条）。第一号被保険者については要介護認定や要支援認定を受けた場合に，介護保険の給付を受けることができる。一方，第二号被保険者の場合には認知症等の特定疾病に限り，要

介護認定や要支援認定を受けた場合に同じく保険給付を受けることができる。

　要介護・要支援認定は保険者である市町村が行うが，そのプロセスはコンピュータによる一次判定と市町村に設置される介護認定審査会による二次判定によって決定される。現行の制度では要支援2段階，要介護5段階の合計7段階の判定基準が用いられている。

　要介護認定を受けた者に対しては施設サービスを含めた介護給付が，要支援認定を受けた者に対しては介護予防サービスを含めた予防給付がそれぞれ現物支給される（第18条）。なお，サービスに要した費用のなかで原則7〜9割が保険給付の対象となり，被保険者（サービス利用者）の自己負担は所得に応じて1〜3割となっている。

（6）生活保護制度

　日本の代表的な公的扶助制度が，生活保護制度である。生活保護制度は，日本国憲法第25条の生存権条項を具体的に保障する制度として，現在に至るまでその役割を担ってきた。生活保護は国が保障する最低生活水準（ナショナル・ミニマム）に生活水準が届かない場合に限り，その不足部分を生活保護によって補足する（保護の補足性の原則）。扶助の種類は生活扶助，住宅扶助，教育扶助，医療扶助，介護扶助，生業扶助，出産扶助，葬祭扶助の8種類が制度化され（生活保護法第11条），それぞれの要保護者のニーズに応じて組み合わせて支給される。

　生活保護法は上述した国民の最低生活保障と共に，被保護者の「自立助長」を併せてその目的としている。2005（平成17）年度から新たに「自立支援プログラム」が導入され，生活保護の実施機関による被保護者の「個別支援プログラム」の策定や，ハローワークによる「生活保護受給者等就労支援事業」が開始され，被保護者の自立に向けた支援が展開されている。

　近年の生活保護の動向を見ると，被保護人員，保護率，被保護世帯数共に，1990年代中頃から増加の傾向を示し，保護受給者および受給世帯数ともに戦

後の混乱期を抜いて過去最多を更新している。

（7）社会保障の機能——社会保険と公的扶助の相違

　以上のように国民が生活困難になることを予防もしくは生活困難に陥った場合に救済する機能を持つ制度が社会保障制度である。社会保障制度の目的は多岐にわたるが，その第一義的な機能は言えば所得保障にあるといえよう。社会保障制度にはいくつかの種類が存在するが，その最も基本的な制度は社会保険制度である。

　社会保険制度の特徴は，疾病や失業など生活困難をもたらすリスクに対して一般に「保険原理」といわれる方法を採用して相互扶助的に救済する点にある。保険原理の特徴の第1は，対象となる集団（保険集団）の中で発生するリスクが一定の規則性を持っている場合において保険が成立することである。具体的に言えば，失業や疾病など保険集団の中で一定の割合で発生することが予測されるリスクに限り，そのリスクに対応する保険の成立が可能となる。医療保険や雇用保険など類似の制度が社会保険制度を導入する国において共通して存在するのは，こうした国民全てに共通してリスクとなる可能性が高いからである。保険原理の第2の特徴は，「保険基金」といわれる保険集団による持ち寄りの金銭によって構成される財産の構成が必須な条件となっている点である。具体的には保険料として保険集団から徴収されるが，こうして徴収された基金から特定のリスクが発生した保険集団の構成員に対して保険金として金銭が支払われる仕組みが第2の特徴である。保険原理の第3の特徴は，収支均等という原則が貫徹している点である。つまり，保険料の徴収と保険金の支払いの水準が均衡に保たれ，過不足にならないようにバランスが図られている点である。保険は特定のリスクが予想される場合に成立するが，リスクの発生率が厳密に考慮されている所以はここにある。

　保険制度である以上，保険原理は公私を問わず基本的には共通して貫徹している。しかし，公的保険である社会保険制度においては民間保険には見ら

れない特質があることを見過ごすことはできない。その特質の第1は，国家の運営管理で制度が維持されているという点である。つまり国民の生活保障を国の直接的な統治のもとで行うという特徴がある。第2は，保険制度の事務運営，さらには保険基金そのものに対して国庫負担があるという点である。これは第1の特質とも関連しているが，国民の生活保障を国の責任で関与することの裏返しの表現でもある。第3に，保険集団つまり社会保険制度においては全ての国民が保険集団となるが，こうした保険集団に対して任意ではなく強制加入させるという特徴を持っている。すなわち，社会保険制度は国民から強制的に保険料を徴収し，それをリスクの対応に備えるという国民間の相互扶助的な救済の側面をもっている。

　一方で社会保険制度では対応できないニーズに対応するため，社会保障制度の中で整備されているのが公的扶助である。日本における公的扶助とは一般的に生活保護制度を指すが，公的扶助の機能を一言で表現するならば貧困者の事後的救済による生活保障であるといえよう。公的扶助の第1の特徴は，社会保険とは異なり対象者の拠出（自己負担）が存在せず，財源は基本的には全額公費負担で賄われている点である（無拠出）。第2の特徴は，社会保険の対象が予定された特定のリスクを対象としているのに対して，公的扶助は貧困という事実にのみ着目して生活保障を行う点である。つまり，公的扶助の場合，社会保険制度とは異なり貧困の原因が問われないという特徴がある。第3の特徴は，社会保険が特定するリスクが発生した場合，リスクを受けた対象者にほぼ自動的に給付が開始されるのに対して，公的扶助の場合には，貧困の事実を確認するためのミーンズ・テスト（資力調査）が対象者に課せられる。

　ここまで見た公的扶助の特徴は一例にすぎないが，社会保険と公的扶助の相違をまとめると表3-1のようになる。すなわち，社会保険が貧困を予め予防する防貧的機能を持っているのに対して，公的扶助は社会保険の網の目から漏れた貧困者を事後的に救済する救貧的機能を持っている。

表 3 - 1　　社会保険制度と公的扶助制度の相違

	社会保険制度	公的扶助制度
適用条件・対象	労働者（原則は強制加入）	貧困の事実（国民一般）
給付にかかる費用	加入者による拠出等	全額公費負担
給付の開始	特定のリスクの発生	ミーンズ・テストによる選別
機能・目的	予防（防貧）的機能	救貧的機能

出所：佐口卓『社会保障概説　第 2 版』光生館，1987年，14-15頁を基に筆者作成。

（8）社会福祉制度の財源

　社会保障・社会福祉制度の財源は，それぞれの制度によって大きく異なる。以下，社会保険，公的扶助，社会手当の財源を確認していく。

1）社会保険の財源

　社会保険制度における財源（保険基金）は，その被保険者となる国民からの社会保険料（拠出），国家や地方自治体による補助金（公的補助），さらには労働者を雇用する雇用主による負担（拠出）などによって確保されている。むろん，その負担比率や雇用主負担の有無などは，個々の社会保険制度によって異なるのが現状である。たとえば，年金保険制度の財政方式には大きく「積立方式」と「賦課方式」の 2 種類があり，それぞれの国家によって採用する方式が異なっている。「積立方式」の場合には年金給付にかかる必要な原資を保険料として国民に負担（拠出）させ，積立確保するのに対して，「賦課方式」は年金給付にかかる必要な原資を年金給付の時点における現役世代の負担によってまかなう方式である。日本における年金保険は「積立方式」からスタートしたが，現在はほぼ「賦課方式」に移行したといえる。

　その他，医療保険や介護保険では保険料負担（拠出）の他に，自己負担が発生する。医療サービスや介護保険サービスを利用した場合に，医療サービス利用の場合には実質 3 割負担を，介護保険サービス利用の場合には実質 1 割の負担を求められる（応益負担）。その一方で，自己負担が伴わない労災保険（雇用主の拠出，国庫負担のみで運営）のような制度も存在している。

2）公的扶助，社会手当の財源

　このように社会保険制度は一般的には対象となる被保険者（国民）が保険料を支払う（拠出）ことで保険基金が構成され，制度運営がなされている。それに対して，公的扶助の場合には自己負担が伴わず，扶助にかかる財源は全額国庫（公的）負担によって賄われている。それは次節で確認するように，社会保険の機能が，国民が生活難（貧困）に陥るのを事前に防止する「防貧機能」にあるのに対して，公的扶助の機能は貧困に陥った国民を事後的に救済する「救貧機能」をもっていることと関係している。公的扶助は自己負担（拠出）が発生しないかわりに，資産や稼働能力，扶養義務者の有無などを厳密に判定する資力調査（ミーンズ・テスト）が実施され，ナショナル・ミニマム以下の生活水準と判断された場合に限って，公的扶助による救済が開始される。

── コラム5　ヤングケアラー問題[(1)] ──

　社会福祉の歴史をひも解けば，いつも課題の中心は「子ども」であった。マハトマ・ガンジー（1869-1948年）は「子どもは真実を映す鏡」という言葉で表現したが，社会問題の影響をもっとも受けやすいのが「子ども」といえる。そして現代社会の病理を映しだす問題の一つが，ヤングケアラー問題である。

　ヤングケアラー。直訳すると「若い介護者」となる。2021年8月滋賀県大津市で17歳の少年が6歳の妹を殺害するという痛ましい事件が発生した。報道によると犯行の動機として少年は「妹の世話がつらかった」と告白したという。兄妹は保護者からネグレクトされ，少年はヤングケアラーだったことが明らかになっている。祖父母や兄弟姉妹の介護を担う「ヤングケアラー」の子どもは昔から存在していた。無論児童労働は法律で禁止されているが，家庭内介護は「お手伝い」や「家族の美風」という名目で日常的に行われてきた。明確な統計は確認できないが，推計によると20人に1人の子どもが「ヤングケアラー」に該当する可能性があるという。家族間の相互扶助は日本の社会福祉の伝統と目されてきた。そしてそれは「日本型福祉社会論」という名目で，各種の社会保障制度の不備を補ってきた歴史的現実がある。子どもはいつの時代も真実＝社会を映す鏡である。

事後学習

① 消費税の増税についての賛成論と反対論のそれぞれの根拠について調べてみよう。

② 日本の社会保障制度と家族制度の関係について調べてみよう。

③ ヤングケアラーと「お手伝い」の相違について調べてみよう。

2　児童福祉関連法と児童福祉の実施機関

事前学習

① 福祉六法を用意しておく。

② 日本国憲法の中で，第9条，第13条，第25条を熟読しておく。

③ 児童相談所の機能を児童福祉法の条文から調べておく。

　本節では児童福祉法を中心に児童虐待防止法・母子及び父子並びに寡婦福祉法の他，各種法に定められた理念及び目的の実施機関の概要について順次解説する。

（1）児童福祉法

　児童福祉法は，1947（昭和22）年に制定され翌1948年1月に施行された児童福祉に関する基本法である。その総則（第1～3条）には「全て国民は，児童が良好な環境において生まれ，かつ，社会のあらゆる分野において，児童の年齢及び発達の程度に応じて，その意見が尊重され，その最善の利益が優先して考慮され，心身ともに健やかに育成されるよう努めなければならない」との国民の努力義務規定が設けられ（第2条第1項），同じく「国及び地方公共団体は，児童の保護者とともに，児童を心身ともに健やかに育成する責任を負う」との児童福祉の推進に対する公的責任が明確にされている（第2条第3項）。さらに第3条で前2条について「児童の福祉を保障するための

原理であり，この原理は，すべて児童に関する法令の施行にあたつて，常に尊重されなければならない」と規定されているように，本法が全ての児童福祉関連法の施行における基本原理としての位置づけがなされている。

（2）児童虐待の防止等に関する法律

同法は，「児童虐待が児童の人権を著しく侵害し，その心身の成長及び人格の形成に重大な影響を与えるとともに，我が国における将来の世代の育成にも懸念を及ぼすことにかんがみ，児童に対する虐待の禁止，児童虐待の予防及び早期発見その他の児童虐待の防止に関する国及び地方公共団体の責務，児童虐待を受けた児童の保護及び自立の支援のための措置等を定めることにより，児童虐待の防止等に関する施策を促進し，もって児童の権利利益の擁護に資する」ことを目的として2000（平成12）年に制定された（第1条）。

同法が規定する児童虐待の定義は，次の4項目である（第2条）。これらのような虐待行為を，同法では完全に禁止している（第3条）。

①　児童の身体に外傷が生じ，又は生じるおそれのある暴行を加えること。

②　児童にわいせつな行為をすること又は児童をしてわいせつな行為をさせること。

③　児童の心身の正常な発達を妨げるような著しい減食又は長時間の放置，保護者以外の同居人による前2号又は次号に掲げる行為と同様の行為の放置その他の保護者としての監護を著しく怠ること。

④　児童に対する著しい暴言又は著しく拒絶的な対応，児童が同居する家庭における配偶者に対する暴力（配偶者（婚姻の届出をしていないが，事実上婚姻関係と同様の事情にある者を含む。）の身体に対する不法な攻撃であって生命又は身体に危害を及ぼすもの及びこれに準ずる心身に有害な影響を及ぼす言動をいう。）その他の児童に著しい心理的外傷を与える言動を行うこと。

　このような児童虐待を防止するために特に重要視されているのが，国家及び地方公共団体の役割である。同法第4条では，国家及び地方公共団体の責務として次の事項を課している。

①　児童虐待の予防及び早期発見，迅速かつ適切な児童虐待を受けた児童の保護及び自立の支援（児童虐待を受けた後18歳となった者に対する自立の支援を含む。第3項及び次条第2項において同じ。）並びに児童虐待を行った保護者に対する親子の再統合の促進への配慮その他の児童虐待を受けた児童が家庭（家庭における養育環境と同様の養育環境及び良好な家庭的環境を含む。）で生活するために必要な配慮をした適切な指導及び支援を行うため，関係省庁相互間又は関係地方公共団体相互間，市町村，児童相談所，福祉事務所，配偶者からの暴力の防止及び被害者の保護等に関する法律（平成13年法律第31号）第3条第1項に規定する配偶者暴力相談支援センター（次条第1項において単に「配偶者暴力相談支援センター」という。），学校及び医療機関の間その他関係機関及び民間団体の間の連携の強化，民間団体の支援，医療の提供体制の整備その他児童虐待の防止等のために必要な体制の整備に努めなければならない。

②　児童相談所等関係機関の職員及び学校の教職員，児童福祉施設の職員，医師，歯科医師，保健師，助産師，看護師，弁護士その他児童の福祉に職務上関係のある者が児童虐待を早期に発見し，その他児童虐待の防止に寄与することができるよう，研修等必要な措置を講ずるものとする。

③　児童虐待を受けた児童の保護及び自立の支援を専門的知識に基づき適切に行うことができるよう，児童相談所等関係機関の職員，学校の教職員，児童福祉施設の職員その他児童虐待を受けた児童の保護及び自立の支援の職務に携わる者の人材の確保及び資質の向上を図るため，

研修等必要な措置を講ずるものとする。

④　児童虐待の防止に資するため，児童の人権，児童虐待が児童に及ぼす影響，児童虐待に係る通告義務等について必要な広報その他の啓発活動に努めなければならない。

⑤　児童虐待を受けた児童がその心身に著しく重大な被害を受けた事例の分析を行うとともに，児童虐待の予防及び早期発見のための方策，児童虐待を受けた児童のケア並びに児童虐待を行った保護者の指導及び支援のあり方，学校の教職員及び児童福祉施設の職員が児童虐待の防止に果たすべき役割その他児童虐待の防止等のために必要な事項についての調査研究及び検証を行うものとする。

⑥　児童の親権を行う者は，児童を心身ともに健やかに育成することについて第一義的責任を有するものであって，親権を行うに当たっては，できる限り児童の利益を尊重するよう努めなければならない。

さらに，国民に対しては「何人も，児童の健全な成長のために，家庭（家庭における養育環境と同様の養育環境及び良好な家庭的環境を含む。）及び近隣社会の連帯が求められていることに留意しなければならない」といった社会連帯への努力規定を課している（第4条第8項）。

また同法は，「学校，児童福祉施設，病院，都道府県警察，婦人相談所，教育委員会，配偶者暴力相談支援センターその他児童の福祉に業務上関係のある団体及び学校の教職員，児童福祉施設の職員，医師，歯科医師，保健師，助産師，看護師，弁護士，警察官，婦人相談員その他児童の福祉に職務上関係のある者は，児童虐待を発見しやすい立場にあることを自覚し，児童虐待の早期発見に努めなければならない」といった虐待の早期発見義務を課し（第5条），同時に国民に対しては「児童虐待を受けたと思われる児童を発見した者は，速やかに，これを市町村，都道府県の設置する福祉事務所若しくは児童相談所又は児童委員を介して市町村，都道府県の設置する福祉事務所

若しくは児童相談所に通告しなければならない」といった「児童虐待に係る通告」の役割を課している（第6条）。

（3）母子及び父子並びに寡婦福祉法

　同法は，「母子家庭等及び寡婦の福祉に関する原理を明らかにするとともに，母子家庭等及び寡婦に対し，その生活の安定と向上のために必要な措置を講じ，もつて母子家庭等及び寡婦の福祉を図ること」を目的として1964（昭和39）年に制定された（第1条）。その基本理念として，「全て母子家庭等には，児童が，その置かれている環境にかかわらず，心身ともに健やかに育成されるために必要な諸条件と，その母子家庭の母及び父子家庭の父の健康で文化的な生活とが保障されるものとする」こと，「寡婦には，母子家庭の母及び父子家庭の父に準じて健康で文化的な生活が保障されるものとする」との2項目が掲げられている（第2条）。

　さらに，国及び地方公共団体の責務として，「母子家庭等及び寡婦の福祉を増進する」ことが規定され，同時に「母子家庭等又は寡婦の福祉に関係のある施策を講ずるに当たつては，その施策を通じて，前条に規定する理念が具現されるように配慮しなければならない」ことが明記され，母子及び寡婦の福祉向上に関する国家及び地方公共団体の公的責任が宣言されている。

　その一方で，自助努力及び扶養義務の履行に関する条項が設けられており，第4条では「母子家庭の母及び父子家庭の父並びに寡婦は，自ら進んでその自立を図り，家庭生活及び職業生活の安定と向上に努めなければならない」ことが明記され，第5条では「母子家庭等の児童の親は，当該児童が心身ともに健やかに育成されるよう，当該児童の養育に必要な費用の負担その他当該児童についての扶養義務を履行するように努めなければならない」こと，「母子家庭等の児童の親は，当該児童が心身ともに健やかに育成されるよう，当該児童を監護しない親の当該児童についての扶養義務の履行を確保するように努めなければならない」こと，「国及び地方公共団体は，母子家庭等の

児童が心身ともに健やかに育成されるよう，当該児童を監護しない親の当該児童についての扶養義務の履行を確保するために広報その他適切な措置を講ずるように努めなければならない」ことが明記されている。

　同法における「配偶者のない女子」とは，「配偶者と死別した女子であつて，現に婚姻をしていないもの及びこれに準ずる次に掲げる女子」と定義づけられ，具体的には，①離婚した女子であって現に婚姻をしていないもの，②配偶者の生死が明らかでない女子，③配偶者から遺棄されている女子，④配偶者が海外にあるためその扶養を受けることができない女子，⑤配偶者が精神又は身体の障害により長期にわたって労働能力を失っている女子，⑥前各号に掲げる者に準ずる女子であって政令で定めるもの，の6種類が規定されている。さらに，同法で「児童」とは「20歳に満たない者」と定義づけられ，「寡婦」とは「配偶者のない女子であつて，かつて配偶者のない女子として民法（明治29年法律第89号）第877条の規定により児童を扶養していたことのあるもの」と定義づけられている。同時に「母子家庭等」とは，「母子家庭及び父子家庭」と定義づけられている。

　また，同法第8条では「都道府県知事，市長…（中略）…及び福祉事務所を管理する町村長…（中略）…は，社会的信望があり，かつ，次項に規定する職務を行うに必要な熱意と識見を持つている者のうちから，母子・父子自立支援員を委嘱する」ことが規定されている。母子・父子自立支援員の業務としては，「配偶者のない者で現に児童を扶養しているもの及び寡婦に対し，相談に応じ，その自立に必要な情報提供及び指導を行うこと」及び「配偶者のない者で現に児童を扶養しているもの及び寡婦に対し，職業能力の向上及び求職活動に関する支援を行うこと」である。

（4）児童福祉の実施機関

　児童福祉法が定める「児童福祉施設」として，「助産施設，乳児院，母子生活支援施設，保育所，幼保連携型認定こども園，児童厚生施設，児童養護

施設，障害児入所施設，児童発達支援センター，児童心理治療施設，児童自立支援施設及び児童家庭支援センター」の12施設を規定している。

　児童福祉法第10条から第12条までは，児童福祉法の施行に関する業務の実施機関について定めている。具体的には，市町村の役割，都道府県の役割，児童相談所の役割，保健所の役割について規定されている。市町村の役割としては，次の3項目が規定されている。

① 　児童及び妊産婦の福祉に関し，必要な実情の把握に努めること。
② 　児童及び妊産婦の福祉に関し，必要な情報の提供を行うこと。
③ 　児童及び妊産婦の福祉に関し，家庭その他からの相談に応ずること並びに必要な調査及び指導を行うこと並びにこれらに付随する業務を行うこと。

　また，同時に都道府県の役割としては，次の2項目が定められている。

① 　市町村の業務の実施に関し，市町村相互間の連絡調整，市町村に対する情報の提供，市町村職員の研修その他必要な援助を行うこと及びこれらに付随する業務を行うこと。
② 　児童及び妊産婦の福祉に関し，主として次に掲げる業務を行うこと。

　②に関する主な業務としては，「イ各市町村の区域を超えた広域的な見地から，実情の把握に努めること，ロ児童に関する家庭その他からの相談のうち，専門的な知識及び技術を必要とするものに応ずること，ハ児童及びその家庭につき，必要な調査並びに医学的，心理学的，教育学的，社会学的及び精神保健上の判定を行うこと，ニ児童及びその保護者につき，ハの調査又は判定に基づいて…（中略）…必要な指導を行うこと，ホ児童の一時保護を行うこと，ヘ児童の権利の保護の観点から，一時保護の解除後の家庭その他の

環境の調整，当該児童の状況の把握その他の措置により当該児童の安全を確保すること，ト里親に関する業務を行うこと（里親に関する普及啓発，里親につき，その相談に応じ，必要な情報の提供，助言，研修その他の援助を行うこと等），チ養子縁組により養子となる児童，その父母及び当該養子となる児童の養親となる者，養子縁組により養子となる児童，その養親となる者及び当該養子となつた児童の父母その他の児童を養子とする養子縁組に関する者につき，その相談に応じ，必要な情報の提供，助言その他の援助を行うこと」の8項目の業務が定められている。

1）児童相談所

　児童相談所は，児童福祉法第12条に規定された児童福祉に関する第一線機関である。同法の規定により，児童相談所は都道府県及び政令指定都市に設置が義務づけられている。児童相談所の第一義的な機能は，その名の示すとおり子どもに関する相談事業である。厚生労働省が作成した「児童相談所の運営指針」によると，児童相談所が受け付けている相談内容は養護相談，保健相談，障害相談，非行相談，育成相談などで，最も相談件数が多いのが障害相談となっている。児童相談所に寄せられた相談内容については児童福祉司や医師，児童心理司などによって専門診断が為され，問題の所在や解決策が総合的に判断される。児童福祉司が行う社会診断は，保護者や子ども，関係者との面接，観察，生活環境調査，立入調査などの方法によって為され，主に子どもの養育環境や生育歴，社会生活などの生活（社会）環境を明らかにすることを目的としている。

　一方，児童心理司が行う心理診断は，心理検査や面接，観察といった方法で，発達状況や虐待によるトラウマの程度などを明らかにすることを目的とする。また，医師による医学診断は問診や診察，医学診断などの方法によって，児童の栄養状態や発育状態，虐待による外傷の有無などを明らかにすることを目的としている。この他にも必要に応じて，理学療法士や言語聴覚士などの専門職によって障害の程度などを判断する。このような各専門職によ

る専門診断を総合的に判定（総合診断）し，個別の援助方針が策定される。援助方針の策定にあたっては，当事者である子どもや保護者の意見，さらにはその後の支援を担う児童福祉施設や里親などの意見が反映される必要性がある。

　しかし，緊急性を要する場合（たとえば，虐待児童の保護などの場合に保護者などから同意を得られない場合）においては児童相談所長の権限のもとで施設入所などの措置を取ることも可能である。つまり，児童福祉法第28条では「保護者が，その児童を虐待し，著しくその監護を怠り，その他保護者に監護させることが著しく当該児童の福祉を害する場合において…（中略）…児童の親権を行う者又は未成年後見人の意に反するとき」には，家庭裁判所の承認を得たあとに保護者の同意を得なくても強制的に措置することができる。

　また，虐待の疑いのある保護者が児童福祉司などの児童相談所員や児童委員の介入を拒否した場合についても，児童福祉法第29条で「必要があると認めるときは，児童委員又は児童の福祉に関する事務に従事する職員をして，児童の住所若しくは居所又は児童の従業する場所に立ち入り，必要な調査又は質問をさせることができる」ことが明記されている。つまり，従来保護者が児童の引渡しを拒否しても親権の主張がある限り，児童相談所が強制的に介入することができなかった。しかし，2008（平成20）年に児童虐待防止法と児童福祉法が改正されたことに伴い，強制的な介入（鍵の解錠や立入りなど）や，保護者と児童の面会の制限，保護者への指導強化などが定められた。

　以上のような児童相談や児童の一時保護の他，児童相談所の主要な業務として要保護児童の里親への委託や児童福祉施設への入所措置がある。児童福祉法第27条では，「児童を小規模住居型児童養育事業を行う者若しくは里親に委託し，又は乳児院，児童養護施設，障害児入所施設，児童心理治療施設若しくは児童自立支援施設に入所」させることを都道府県の義務として位置づけており，実際の業務を児童相談所長に委任している（第32条）。

　児童相談所から入所措置の要請を受けた児童福祉施設は，基本的には受け

入れの拒否を行うことはできない。児童相談所では児童福祉施設への入所措置に際して，今後の援助目標を掲げた処遇指針を作成して施設へ提示する。児童を受け入れた児童福祉施設は，個々の児童の処遇指針（援助目標）に沿って「児童自立支援計画」を作成する。このように，施設における児童の処遇は児童相談所と児童福祉施設の連携のもとで計画的に行われている。

　児童福祉施設への入所措置は，恒久的なものではない。つまり，児童の自立に向けた支援を行うことが児童相談所の重要な役割となる。家庭復帰の可能性のある児童については，家庭復帰に向けた支援を行うことも児童相談所の役割である。具体的には，親子の面会や一時帰宅などを調整するとともに，児童委員などの「見守り」体制を整備するといった社会環境の整備が重要となる。また，家庭復帰後も児童相談所や児童福祉施設と連携を保ちながら，児童の自立を支援していく体制が必要となる。

２）児童福祉の専門職と関連行政機関

　児童福祉法では，児童福祉に係わる職種（専門職）についても定めている。第１章第５節（第13〜15条）及び第６節（第16〜18条の３）では児童福祉司や児童委員について定めている。児童委員の役割として，同法は次の６項目を定めている。

① 　児童及び妊産婦につき，その生活及び取り巻く環境の状況を適切に把握しておくこと。
② 　児童及び妊産婦につき，その保護，保健その他福祉に関し，サービスを適切に利用するために必要な情報の提供その他の援助及び指導を行うこと。
③ 　児童及び妊産婦に係る社会福祉を目的とする事業を経営する者又は児童の健やかな育成に関する活動を行う者と密接に連携し，その事業又は活動を支援すること。
④ 　児童福祉司又は福祉事務所の社会福祉主事の行う職務に協力するこ

と。

⑤　児童の健やかな育成に関する気運の醸成に努めること。

⑥　前各号に掲げるもののほか，必要に応じて，児童及び妊産婦の福祉の増進を図るための活動を行うこと。

　また，保育士についても第7節（第18条の4～18条の24）に定められている。児童福祉法では保育士を「保育士の名称を用いて，専門的知識及び技術をもつて，児童の保育及び児童の保護者に対する保育に関する指導を行うことを業とする者」と定義づけている（第18条の4）。

　このような児童福祉の総合法である児童福祉法の特徴は，児童福祉の推進に関する公的責任を明確にしていることである。つまり児童福祉の向上について，国家や地方公共団体の役割が明確で，その向上のための方法（児童福祉施設の整備，専門職の整備など）についても明確な規定が存在している点に特徴がある。

── コラム6　人質児相？[(2)]

　人質司法という言葉をご存じだろうか？微罪であっても犯行を認めない限り，釈放も保釈も認められないという日本の刑事司法の現状を批判した言葉である。「推定無罪」や「疑わしきは罰せず」が原則のはずの刑事司法において，暗黙のうちに「自白偏重」の捜査手法が日本では重視されてきた。そのことが冤罪の温床となっていることが指摘され，国際的にも批判の対象となっている。

　この人質司法という言葉をなぞって，近年「人質児相」という言葉が使われるようになってきた。児童虐待の通報件数が増加の一途をたどる現状において虐待の疑いがあれば児童相談所が親から子どもを分離し，一時保護するという一連の流れである（疑わしきは一時保護）。そして，虐待の事実を認めない限り，面会が実現せず，親子間の分離が継続されるという，児相の対応の新たな課題が浮かび上がってきた。むろん，虐待の有無の判断は困難を極める。中には児童相談所による対応の瑕疵が痛ましい虐待死に至る例も散見される。無論優先すべきは「子どもの利益」である。児童相談所に虐待死すべての責任をおしつける風潮への問題提起として，このトピックに注目してほしい。

```
┌─ 事後学習 ─────────────────────────────────────┐
│ ① 自分の住んでいる地域の児童相談所のホームページにアクセスしてみよう。 │
│ ② 自分の住んでいる地域の児童委員について調べてみよう。          │
│ ③ 児童相談所と警察の連携の意義について調べてみよう。          │
│ ④ 一時保護所の課題を整理してみよう。                  │
└──────────────────────────────────────────────┘
```

重要語句

・里　　親

　児童福祉法第6条の4では里親を要保護児童を養育することを希望する者の中で，養育里親名簿に登録されたものと規定されている。社会的養護の必要性が叫ばれる中で，その需要は広がりを見せている。

・児童福祉司

　児童福祉法第13条に規定されている児童の保護や児童福祉に関する事項について相談及び指導等によって児童福祉の向上を図る専門職。医師，社会福祉士，精神保健福祉士，公認心理師等が任用資格となっている。

・世界人権宣言

　1948年12月に開催された第3回国連総会で採択された基本的人権についての宣言。採択日では12月10日は「人権デー」と定められ，日本では人権デーに合わせて「人権週間」を定めている。

・労働基準監督署

　労働契約・最低賃金・労働災害等の労働基準の遵守に関して事業者を監督するための機関。厚生労働省の出先機関として，各都道府県に設置されている。

注

(1) 澁谷智子『ヤングケアラー──介護を担う子ども・若者の現実』2018年，中央公論新社。「朝日新聞」2022年6月15日付。

(2) 「読売新聞」2021年5月30日付。

参考文献

秋元美世ほか編『社会保障の制度と行財政　第2版』有斐閣，2006年。

井上仁『子どもの権利ノート』明石書店，2002年。

井村圭壯・相澤讓治編著『児童家庭福祉の理論と制度』勁草書房，2011年。

岩田正美・岡部卓・清水浩一編著『貧困問題とソーシャルワーク』有斐閣，2003年。

大河内一男『社会政策の基本問題』（大河内一男著作集第 5 巻）青林書院新社，1969年。

大塚良一・小野澤昇・田中利則編著『子どもの生活を支える社会福祉』ミネルヴァ書房，2015年。

小田兼三・石井勲編著『養護内容の理論と実際』ミネルヴァ書房，2007年。

大塚良一・小野澤昇・田中利則編著『子どもの生活を支える社会的養護』ミネルヴァ書房，2013年。

小野澤昇・大塚良一・田中利則編著『子どもの生活を支える社会的養護内容』ミネルヴァ書房，2013年。

小野澤昇・大塚良一・田中利則編著『子どもの未来を支える社会的養護』ミネルヴァ書房，2019年。

風早八十二『日本社会政策史』日本評論社，1937年。

木村武夫編『現代日本の児童福祉』ミネルヴァ書房，1970年。

古賀成子監修，ミネルヴァ書房テキストブック編集委員会編『介護福祉士——人間と社会編』ミネルヴァ書房，2012年。

小山進次郎『生活保護法の解釈と運用 復刻版』全国社会福祉協議会，1991年。

佐口卓『社会保障概説 第 2 版』光生館，1987年。

社会保障制度審議会事務局編『社会保障制度に関する勧告』社会保障団体懇話会，1950年。

鈴木祥蔵・山本健治編著『子どもの権利条約を読む』拓殖書房，1993年。

隅谷三喜男『日本の労働問題』東京大学出版会，1967年。

田代国次郎『日本の貧困階層』童心社，1968年。

田代国次郎・畠中耕『現代の貧困と公的扶助』社会福祉研究センター，2008年。

野口勝己・山西辰雄編著『社会福祉要論——その基本と今日的課題』川島書店，2013年。

馬場茂樹監修，和田光一・横倉聡・田中利則編著『保育の今を問う児童家庭福祉』ミネルヴァ書房，2013年。

長谷川眞人編著『子どもの権利ノート——子どもの権利擁護の現状と課題』三学出版，2005年。

晴見静子・谷口純世編著『社会的養護』光生館，2011年。

ピアソン，C.／田中浩・神谷直樹訳『曲がり角にきた福祉国家——福祉国家の政治経済学』未來社，1996年。

ベヴァリッジ，W.／山田雄三監訳『社会保険および関連サービス——ベヴァリッジ報告』至誠堂，1969年。

堀正嗣『子どもの権利擁護と子育ち支援』明石書店，2003年。

ミネルヴァ書房編集部編『ミネルヴァ社会福祉六法2021』ミネルヴァ書房，2021年。

椋野美智子・田中耕太郎著『はじめての社会保障 第4版』有斐閣，2006年。

第 4 章　社会福祉施設と専門性

本章の概要と到達目標

（1）概　要

　本章では社会福祉施設と専門性について，保育士として必要な基礎的知識について学ぶ。

　第1節では，はじめに社会福祉施設とは何か。第一種社会福祉事業と第二種社会福祉事業について学習する。社会福祉施設の概況について，社会福祉施設の種類，社会福祉法人等について理解する。

　第2節では，社会福祉従事者の概況を理解する。次に，社会福祉に関する主な専門職の資格について学習する。そして，社会福祉の専門性について，保育所職員に求められる専門性と倫理について理解を深める。

　この学びを契機に，自身の身近な地域にある社会福祉施設や保育士をはじめとする社会福祉の分野で働く専門職の仕事等について，さらに学びを深めることを期待する。

（2）到達目標

　①　社会福祉施設について理解する。

　②　社会福祉施設の概要，種類，社会福祉法人等について理解する。

　③　社会福祉従事者の概要について理解する。

　④　社会福祉に関する専門職について理解を深める。

　⑤　保育所職員に求められる専門性と倫理について理解を深める。

1　社会福祉施設の展開

事前学習

　①　あなたの身近な地域の社会福祉施設を調べておく。

（1）社会福祉施設とは

　社会福祉施設は，固定化されたものではなく，その時代によって変化，発展してきた歩みがある。

　日本の社会福祉施設の原型はたいへん古く，古代国家にできた仏教的慈善
による救貧・救療施設であった。その始まりは聖徳太子（574〜622年）の慈
善救済あたりからだとされている。特に，593（推古元）年，四天王寺の建立
に際し，慈善救済施設として四箇院（施薬院・療病院・悲田院・敬田院）を設
立したと伝えられる。

　かつて，社会福祉施設は，極貧で身寄りのない労働力のない児童や高齢者，
障害者などを収容救護する施設であり，救済施設，救護施設といわれた。ま
だ公的制度が確立していない時代には，施設の設備・運営への公的補助はな
かったが，民間の慈善事業家たちが必要に応じて創設していた。戦後，社会
福祉施設は，1947（昭和22）年に制定された児童福祉法に定められた児童福
祉施設をはじめとして，社会福祉法制に定められた施設を指し，法律で定め
られた公的な施設を意味するようになった。

　社会福祉施設は，高齢者，児童，障害者などの人々に各種の福祉サービス
を提供する施設であり，これらの人々が自立してその能力を発揮できるよう
に必要な支援・指導などを行うことを目的としている。

　さて，社会福祉施設の定義について，『社会福祉施設経営管理論』（宮田裕
司編，全国社会福祉協議会）では，次のように説明される。

　第二次世界大戦後，連合国軍最高司令官総司令部（GHQ）の指導により，
「社会事業法」（1938〔昭和13〕年）を改めた「社会福祉事業法」（1951〔昭和
26〕年）が制定された。社会福祉施設という言葉は，この中で「第一種社会
福祉事業を経営するための施設」を「社会福祉施設」という，とされたとこ
ろから用いられるようになった。現在，社会福祉施設とは，狭義には社会福
祉法第62条に「施設を設置して，第一種社会福祉事業を経営」する場合の施
設を「社会福祉施設」と定義しているが，一般的には建物を設置している第
一種社会福事業の施設にとどまらず，社会福祉関係法令に規定される福祉
サービスを提供している場をいう。

　この福祉サービスとは，社会福祉法に規定される第一種，第二種社会福祉

表4-1　第一種社会福祉事業・第二種社会福祉事業

第一種社会福祉事業
生活保護法に規定する救護施設，更生施設
生計困難者を無料又は低額な料金で入所させて生活の扶助を行うことを目的とする施設
生計困難者に対して助葬を行う事業
児童福祉法に規定する乳児院，母子生活支援施設，児童養護施設，障害児入所施設，児童心理治療施設，児童自立支援施設
老人福祉法に規定する養護老人ホーム，特別養護老人ホーム，軽費老人ホーム
障害者の日常生活及び社会生活を総合的に支援するための法律に規定する障害者支援施設を経営する事業
売春防止法に規定する婦人保護施設
授産施設を経営する事業
生計困難者に対して無利子又は低利で資金を融通する事業

第二種社会福祉事業
生計困難者に対して，その住居で衣食その他日常の生活必需品若しくはこれに要する金銭を与え，又は生活に関する相談に応ずる事業
生活困窮者自立支援法に規定する認定生活困窮者就労訓練事業
児童福祉法に規定する障害児通所支援事業，障害児相談支援事業，児童自立生活援助事業，放課後児童健全育成事業，子育て短期支援事業，乳児家庭全戸訪問事業，養育支援訪問事業，地域子育て支援拠点事業，一時預かり事業，小規模住居型児童養育事業，病児保育事業，又は子育て援助活動支援事業
児童福祉法に規定する助産施設，保育所，児童厚生施設，児童家庭支援センター，及び児童の福祉の増進についての相談に応ずる事業
就学前の子どもに関する教育，保育等の総合的な提供の推進に関する法律に規定する幼保連携型認定こども園，養子縁組あっせん事業
母子及び父子並びに寡婦福祉法に規定する母子家庭日常生活支援事業，父子家庭日常生活支援事集，寡婦日常生活支援事業
母子及び父子並びに寡婦福祉法に規定する母子・父子福祉施設
老人福祉法に規定する老人居宅介護等事業，宅人デイサービス事業，老人短期入所事業，小規模多機能型居宅介護事業，認知症対応型老人共同生活援助事業，複合型サービス福祉事業
老人福祉法に規定する老人デイサービスセンター，老人短期入所施設，老人福祉センター，老人介護支援センター
障害者の日常生活及び社会生活を総合的に支援するための法律に規定する障害福祉サービス事業，一般相談支援事業，特定相談支援事業，移動支援事業，地域活動支援センター，福祉ホーム

身体障害者福祉法に規定する身体障害者生活訓練等事業，手話通訳事業，介助犬訓練事業，聴導犬訓練事業
身体障害者福祉法に規定する身体障害者センター，補装具製作施設，盲導犬訓練施設，視聴覚障害者情報提供施設，身体障害者の更生相談に応ずる事業
知的障害者福祉法に規定する知的障害者の更生相談に応ずる事業
生計困難者のために無料又は，低額な料金で，簡易住宅を貸し付け，又は宿泊所その他の施設を利用させる事業
生計困難者のために無料又は，低額な料金で診療を行う事業
生計困難者に対して，無料または低額な費用で介護保険法に規定する介護老人保健施設又は介護医療院を利用させる事業
隣保事業
福祉サービス利用援助事業
第一種社会福祉事業及び第二種社会福祉事業の事業に関する連絡又は助成を行う事業

出所：野崎和義監修『ミネルヴァ社会福祉六法2021 令和 3 年版』ミネルヴァ書房，2022年，社会福祉法を基に筆者作成。

事業に含まれない通知・通達による社会福祉を目的とする事業や都道府県の条例による社会福祉を目的とする事業，さらには，これらにも位置づけられていない民間事業者や NPO 法人等で開拓的に行われている小規模の事業も含めたサービスを指すものと考えられる。また，「施設」すなわち入所施設ではなく，在宅サービスを含めたサービス提供の拠点を相称したものと解される。

　そして，社会事業及びその他の社会福祉を目的とする事業の対象は，「福祉サービスの利用者」（社会福祉法第 1 条，第 3 条）であることから，広義には，社会福祉施設とは，福祉サービスを提供する機能を有した組織の総体であると定義づけることができる。[5]

（ 2 ）第一種社会福祉事業と第二種社会福祉事業

　社会福祉事業の適正な実施や社会福祉の増進に資することを目的とした社会福祉法において，社会福祉事業の第一種社会福祉事業及び第二種社会福祉事業について定められる。

第一種社会福祉事業とは，利用者への影響が大きいため，経営安定を通じた利用者の保護の必要性が高い事業（主として入所施設サービス）とされる。経営主体は，国，地方公共団体又は社会福祉法人による経営を原則とする。

　第二種社会福祉事業は，比較的利用者への影響が小さいため，公的規制の必要性が低い事情（主として在宅サービス）とされ，経営主体の制限はないが，すべての主体が届出をすることにより事業経営が可能となる。第一種社会福祉事業と第二種社会福祉事業について，表4－1に示す。

（3）社会福祉施設の概況

　社会福祉施設の概況について，厚生労働省が実施している「社会福祉施設等調査」の結果から社会福祉施設の現状を確認する。「社会福祉施設等調査」は，全国の社会福祉施設等の数・在所者・従事者の状況などを把握し，社会福祉行政推進のための基礎資料を得ることを目的として，毎年10月1日現在の状況について調査を実施している。施設種別にみた施設数は表4－2の通りである。

　2020（令和2）年10月1日現在の社会福祉施設等調査結果によると，施設総数は8万723施設であった。多くの施設では，増加の傾向がみられた。保育所は，2万9,474施設で前年度に比べ737施設増加した。児童福祉施設等は4万5,722施設，障害者支援施設は5,556施設，老人福祉施設は5,228施設等であった。施設の種類別にみた定員・所在者数等は表4－3の通りである。

　施設種別にみる定員は，施設総数，403万4,944人で，保育所等の定員は285万8,117人，児童福祉施設等は，305万8,717人，障害者支援施設等は18万7,939人，老人福祉施設は15万8,379人であった。

　施設別にみる在所者数では，施設総数364万2,649人のうち保育所等の在所数は262万4,335人であった。

表 4 - 2　施設種別にみた施設数の推移

(各年10月 1 日現在)

	2019年	2020年	対前年	
			増減数	増減率(%)
総　　数	78,724	80,723	1,999	2.5
保護施設	288	289	1	0.3
老人福祉施設	5,262	5,228	△ 34	△ 0.6
障害者支援施設等	5,636	5,556	△ 80	△ 1.4
身体障害者社会参加支援施設	315	316	1	0.3
婦人保護施設	46	47	1	2.2
児童福祉施設等	44,616	45,722	1,106	2.5
(再掲) 保育所等[(1)]	28,737	29,474	737	2.6
母子・父子福祉施設	60	56	△ 4	△ 6.7
その他の社会福祉施設等	22,501	23,509	1,008	4.5
(再掲) 有料老人ホーム（サービス付き高齢者向け住宅以外)	15,134	15,956	822	5.4

注：(1)　保育所等は，幼保連携型認定こども園，保育所型認定こども園及び保育所である。
出所：厚生労働省「令和 2 年度 社会福祉施設等調査」2021年12月22日を基に筆者作成。

表 4 - 3　施設種別にみた定員・所在者数等

(令和 2 年10月 1 日現在)

	定員(人)[(1)]	在所者数(人)	在所率(%)[(2)]
総　　数	4,034,944	3,642,649	91.3
保護施設	19,108	18,216	95.4
老人福祉施設	158,379	144,390	91.4
障害者支援施設等[(3)]	187,939	151,215	92.7
婦人保護施設	1,329	296	28.3
児童福祉施設等[(5)]	3,058,717	2,807,519	92.1
(再掲)保育所等[(4)]	2,858,117	2,624,335	92.1
有料老人ホーム(サービス付き高齢者向け住宅以外)	609,472	521,013	86.8

注：(1)　定員及び在所者数は，それぞれ定員又は在所者数について調査を実施した施設のみ，集計している。
　　(2)　在所率(%) ＝ 在所者数÷定員×100により算出している。ただし，定員不詳，在所者数不詳の施設及び在所者数について調査を行っていない施設を除いて計算している。
　　(3)　障害者支援施設等のうち障害者支援施設の定員は入所者分のみであり，在所者数は入所者数と通所者数の合計である。在所率は在所者数のうち通所者数を除いて計算している。
　　(4)　保育所等は，幼保連携型認定こども園，保育所型認定こども園及び保育所である。
　　(5)　総数，児童福祉施設等の定員及び在所者数には母子生活支援施設を含まない。
出所：表 4 - 2 と同じ。

表 4 - 4　児童福祉施設

施設の種類	種　別	入(通)所・利用別	設置主体	施設の目的と対象者
助産施設 (児童福祉法第36条)	第2種	入　所	都道府県 市町村　　　届出 社会福祉法人┐認可 その他の者 ┘	保健上必要があるにもかかわらず，経済的理由により，入院助産を受けることができない妊産婦を入所させて，助産を受けさせる。
乳児院 (児童福祉法第37条)	第1種	入　所	同　上	乳児（保健上，安定した生活環境の確保その他の理由により特に必要のある場合には，幼児を含む）を入院させて，これを養育し，あわせて退院した者について相談その他の援助を行う。
母子生活支援施設 (児童福祉法第38条)	第1種	入　所	同　上	配偶者のない女子又はこれに準ずる事情にある女子及びその者の監護すべき児童を入所させて，これらの者を保護するとともに，これらの者の自立の促進のためにその生活を支援し，あわせて退所した者について相談その他の援助を行う。
保育所 (児童福祉法第39条)	第2種	通　所	同　上	保育を必要とする乳児・幼児を日々保育者の下から通わせて保育を行う。
幼保連携型認定こども園 (児童福祉法第39条の2)	第2種	通　所	同　上	義務教育及びその後の教育の基礎を培うものとしての満3歳以上の幼児に対する教育及び保育を必要とする乳児・幼児に対する保育を一体的に行い，これらの乳児又は幼児の健やかな成長が図られるよう適当な環境を与えて，その心身の発達を助長する。
児童厚生施設 (児童福祉法第40条) 児童館 　小型児童館 　児童センター 　大型児童館A型 　大型児童館B型 　大型児童館C型 　その他の児童館	第2種	利　用	同　上	屋内に集会室，遊戯室，図書館等必要な設備を設け，児童に健全な遊びを与えて，その健康を増進し，又は情操を豊かにする。
児童遊園	第2種	利　用	同　上	屋外に広場，ブランコ等必要な設備を設け，児童に健全な遊びを与えて，その健康を増進し，又は情操を豊かにする。
児童養護施設 (児童福祉法第41条)	第1種	入　所	同　上	保護者のない児童（乳児を除く。ただし，安定した生活環境の確保その他の理由により特に必要のある場合には，乳児を含む），虐待されている児童その他環境上養護を要する児童を入所させて，これを養護し，あわせて退所した者に対する相談その他の自立のための援助を行う。
障害児入所施設 (児童福祉法第42条) 　(福祉型) 　(医療型)	第1種	入　所	同　上	障害児を入所させて，保護，日常生活の指導，独立自活に必要な知識技能の付与及び治療を行う。

児童発達支援センター (児童福祉法第43条) 　(福祉型) 　(医療型)	第2種	通　所	同　上	障害児を日々保護者の下から通わせて, 日常生活における基本的動作の指導, 独立自活に必要な知識技能の付与又は集団生活への適応のための訓練及び治療を提供する。
児童心理治療施設 (児童福祉法第43条の2)	第1種	入　所 通　所	同　上	家庭環境, 学校における交友関係その他の環境上の理由により社会生活への適応が困難となった児童を短期間, 入所させ又は保護者の下から通わせて, 社会生活に適応するために必要な心理に関する治療及び生活指導を主として行い, あわせて退所した者について相談その他の援助を行う。
児童自立支援施設 (児童福祉法第44条)	第1種	入　所 通　所	国・都道府県 市町村　　　　届出 社会福祉法人┐認可 その他の者　┘	不良行為をなし, 又はなすおそれのある児童及び家庭環境その他の環境上の理由により生活指導等を要する児童を入所させ, 又は保護者の下から通わせて, 個々の児童の状況に応じて必要な指導を行い, その自立を支援し, あわせて退所した者について相談その他の援助を行う。
児童家庭支援センター (児童福祉法第44条の2)	第2種	利　用	都道府県 市町村　　　　届出 社会福祉法人┐認可 その他の者　┘	地域の児童の福祉に関する各般の問題につき, 児童に関する家庭その他からの相談のうち, 専門的な知識及び技能を必要とするものに応じ, 必要な助言を行うとともに, 市町村の求めに応じ, 技術的助言その他必要な援助を行うほか, 保護を要する児童又はその保護者に対する指導及び児童相談所等との連携・連絡調整等を総合的に行う。

出所：厚生労働統計協会編『国民の福祉と介護の動向』67(10) 通巻第1052号, 厚生労働統計協会, 2020年, 322頁を基に筆者作成。

（4）社会福祉施設の種類

　社会福祉関係法令において, 各種社会福祉施設が示されている。社会福祉施設の種類は, 老人福祉法による老人福祉施設, 生活保護法による保護施設, 児童福祉法による児童福祉施設, 母子及び父子並びに寡婦福祉法による母子・父子福祉施設, 障害者総合支援法による障害者支援施設, 売春防止法による婦人保護施設, その他の社会福祉施設に大別することができる[6]。児童福祉法に定められる児童福祉施設は, 表4-4の通りである。

（5）社会福祉法人

　社会福祉法人の概況について, 厚生労働省の2020（令和2）年度行政報告結果から確認する。福祉行政報告例は, 福祉行政運営の基礎資料を得ること

表 4-5　社会福祉法人数の推移

（単位：法人）　　　　　　　　　　　　　　　　　　　　　　　　　　　　（各年度末現在）

	2016年度	2017年度	2018年度	2019年度	2020年度	対前年度 増減数	対前年度 増減率(%)
総　数	20,625	20,798	20,872	20,933	20,985	52	0.2
社会福祉協議会	1,900	1,900	1,900	1,893	1,880	△ 13	△ 0.7
共同募金会	47	47	47	47	48	1	2.1
社会福祉事業団	125	125	126	126	126	－	－
施設経営法人	18,101	18,186	18,417	18,345	18,392	47	0.3
その他	452	540	382	522	539	17	3.3

注：厚生労働大臣所管分については，報告に含まれていない。
出所：厚生労働省「令和2年度福祉行政報告例」2021年11月25日。

を目的に，その執行状況を把握するもので，都道府県，指定都市及び中核市からの報告をもとに毎年作成している。2020（令和2）年度現在の社会福祉法人の総数は，2万985法人で，前年度に比べ52法人増加した。社会福祉法人数の推移は表4-5の通りである。

　社会福祉法人の種類別では，施設経営法人が1万8,392法人で，前年度比では47法人増加した。また，社会福祉協議会が1,880法人，社会福祉事業団が126法人等であった。

　社会福祉法人とは，社会福祉事業を行うことを目的として，社会福祉法の規定に基づき，所轄庁の認可を受けて設立される法人である。民間の社会福祉事業経営の自主性や創意工夫を重視する一方，社会福祉事業が個人の尊厳を維持し，公共の福祉を増進する公共性の高いものであることから，社会福祉法人はそれを行う主体として，法によって特別に定められた。社会福祉法人には，一般財団法人と比べて，厳格な規制が課されている一方，税制等において優遇措置が講じられている。社会福祉法人が行う事業は，①社会福祉事業（第一種社会福祉事業，第二種社会福祉事業），②公益事業（社会福祉と関係ある公益を目的とする事業），③収益事業（その収益を社会福祉事業又は公益事業に充てることを目的として行われる事業）などである。

　また，社会福祉法人には，法人の役員や資産に関しての設立要件が定めら

れている。役員に関しては，親族などが役員となることに対する規制や学識
経験者等を含めることなどがある。資産に関しては，社会福祉事業を行う上
で必要な資産を有していることが設立要件として定められる。

　社会福祉法人制度を含む社会福祉法等の一部を改正する法律が，2017（平
成29）年４月から施行され，①経営ガバナンス強化，②事業運営の透明性の
向上，③財務規律の強化，④地域における公益的な取組の責務化などが図ら
れている。[7]

── コラム７　新型コロナウイルスと施設クラスター[8] ──

　新型コロナウイルスは，限られた空間で多くの人が暮らす福祉施設に入り込み
クラスターを発生した。

　2021（令和３）年４月○日の夜，Ｓ県Ｓ市の障害者支援施設の施設長（Ａさ
ん）は，男性職員（20代）が新型コロナウイルスに感染したと連絡を受けた。

　県内の感染者は増えていたので，いつ出てもおかしくはないと覚悟はしていた。
顔を覆うフェイスシールドや防護ガウンを用意し，想定し訓練もしていた。当施
設は50人の知的障害のある利用者が生活している。感染が拡大すれば，重症リス
クのある利用者は死につながる可能性が高い。

　約60人の職員（常勤と正規）は，１年以上も前から外出等を控え，対応してき
た。感染した職員も自宅で待機し静養していた。感染経路は不明だった。

　施設は，20年前に開設し３階建てで，２階に男性25人，３階に女性25人の利用
者が生活している。感染した職員は２階の職員だった。３日後には入所者の１人
が発熱し，PCR検査の結果，陽性となり，市内の病院に緊急搬送された。

　その後，約130人がPCR検査を受け，１人の職員の感染が判明した。その後，
感染拡大は確認されなかった。安心しかけたが，翌日に１人，その翌日に１人
と陽性が確認された。結果，職員の感染発覚から14日後，入所者計８人が陽性に
なり，Ｓ市はクラスター（感染者集団）と認定した。

── 事後学習 ──

①　社会福祉施設と地域との関係について検討してみよう。

2　社会福祉施設従事者と専門性

┌─ **事前学習** ───────────────────────────
│ ①　社会福祉関係で働く仕事，職種等について調べておく。
└─────────────────────────────────────

（1）社会福祉施設従事者の概況

　社会福祉施設従事者の概況について，同様に厚生労働省が実施している「社会福祉施設等調査」の結果から現状を確認する。職種別常勤換算従事者数は表4－6の通りである。

　常勤換算従事者の総数は，120万9,999人であった。施設の種類別にみると，保育所の保育士等は38万2,375人，保育教諭は11万6,319人（うち保育士資格保有者は10万6,901人）であった。児童福祉施設で働く従事者の総数は，8万7,622人，障害者支援施設の従事者の総数は10万8,689人，老人福祉施設では3万9,598人であった。

　まとめると，2020（令和2）年10月1日現在の社会福祉施設調査によれば，施設数は8万723施設，施設定員の総数は403万4,944人，施設所在者数は358万886人で，そこで働く従事者は120万9,999人となっている。

　わが国は人口減少社会を迎え，今後も労働力人口は，減少する見とおしである。2019（令和元）年の労働力人口は，6,886万人であったが，2025年には約5,800～6,300万人になると推計される。こうした中，少子・高齢社会の進展等により，福祉サービスの需要の増大とともに，質の充実も求められており，サービス提供の根幹である福祉人材の養成・確保は極めて重要な課題[9]となっている。

表 4 - 6　職種別常勤換算従事者数

（単位：人）　　　　　　　　　　　　　　　　　　　　　　　　　　　　　　　　（2020年10月 1 日現在）

	総数	保護施設[1]	老人福祉施設[1]	障害者支援施設等	婦人保護施設	児童福祉施設（保育所等・地域型保育事業所を除く）	保育所等[2]	地域型保育事業所[2]	母子・父子福祉施設	有料老人ホーム（サービス付き高齢者向け住宅以外）
総　数	1,209,999	6,353	39,598	108,689	373	87,622	691,834	56,429	225	218,875
施設長・園長・管理者	57,145	213	2,381	3,875	29	4,530	28,892	5,827	18	11,379
サービス管理責任者	4,035	…	…	4,035	…	…	…	…	…	…
生活指導・支援員等[3]	92,175	799	4,324	63,182	149	14,996	…	…	4	8,721
職業・作業指導員	3,888	64	117	2,621	13	501	…	…	2	570
セラピスト	6,981	6	141	1,034	7	3,560	…	…	−	2,233
理学療法士	2,507	2	42	535	−	1,025	…	…	…	903
作業療法士	1,659	2	34	347	−	835	…	…	…	441
その他の療法員	2,816	2	65	152	7	1,700	…	…	−	889
心理・職能判定員	49	…	…	49	…	…	…	…	…	…
医師・歯科医師	3,268	25	130	322	4	1,297	1,245	166	0	79
保健師・助産師・看護師	53,543	444	2,533	5,429	23	11,337	12,521	779	…	20,477
精神保健福祉士	1,358	86	15	1,005	1	…	…	…	…	251
保育士	403,632	…	…	…	…	19,248	382,375	2,001	8	…
保育補助者[4]	26,489	…	…	…	…	…	26,408	81	…	…
保育教諭[4]	116,319	…	…	…	…	…	116,319	・	…	…
うち保育士資格保有者	106,901	…	…	…	…	…	106,901	…	…	…
保育従事者[5]	33,604	…	…	…	…	…	…	33,604	…	…
うち保育士資格保有者	31,347	…	…	…	…	…	…	31,347	…	…
家庭的保育者[5]	1,327	…	…	…	…	…	…	1,327	…	…
うち保育士資格保有者	1,015	…	…	…	…	…	…	1,015	…	…
家庭的保育補助者[5]	779	…	…	…	…	…	…	779	…	…
居宅訪問型保育者[5]	112	…	…	…	…	…	…	112	…	…
うち保育士資格保有者	89	…	…	…	…	…	…	89	…	…
児童生活支援員	641	…	…	…	…	641	…	…	−	…
児童厚生員	10,857	…	…	…	…	10,857	…	…	…	…
母子支援員	706	…	…	…	…	706	…	…	…	…
介護職員	166,734	3,250	18,020	11,822	2	…	…	…	…	133,640
栄養士	33,446	201	2,101	2,428	19	1,545	23,499	1,934	…	1,718
調理員	86,291	559	4,846	4,976	50	4,062	53,615	4,069	3	14,111
事務員	40,604	438	2,778	5,103	43	3,938	17,098	1,054	78	10,075
児童発達支援管理責任者	1,238	…	…	…	…	1,238	…	…	…	…
その他の教諭[6]	4,901	…	…	…	…	…	4,901	…	…	…
その他の職員[7]	59,877	268	2,211	2,807	35	9,166	24,961	4,696	111	15,621

注：従事者数は詳細票により調査した職種についてのものであり，調査した職種以外は「…」とした。
　(1)　保護施設には医療保護施設，老人福祉施設には老人福祉センター（特 A 型，A 型，B 型），児童福祉施設（保育所等・地域型保育事業所を除く）には助産施設，児童家庭支援センター及び児童遊園をそれぞれ含まない。
　(2)　保育所等は，幼保連携型認定こども園，保育所型認定こども園及び保育所，地域型保育事業所は小規模保育事業所 A 型，小規模保育事業所 B 型，小規模保育事業所 C 型，家庭的保育事業所，居宅訪問型保育事業所及び事業所内保育事業所である。
　(3)　生活指導・支援員等には，生活指導員，生活相談員，生活支援員，児童指導員及び児童自立支援専門員を含むが，保護施設及び婦人保護施設は生活指導員のみである。
　(4)　保育教諭には主幹保育教諭，指導保育教諭，助保育教諭及び講師を含む。また，就学前の子どもに関する教育，保育等の総合的な提供の推進に関する法律の一部を改正する法律（平成24年法律第66号）附則にある保育教諭等の資格の特例のため，保育士資格を有さない者を含む。
　(5)　保育従事者，家庭的保育者，家庭的保育補助者及び居宅訪問型保育者は地域型保育事業所の従事者である。なお，保育士資格を有さない者を含む。
　(6)　その他の教諭は，就学前の子どもに関する教育，保育等の総合的な提供の推進に関する法律（平成18年法律第77号）第14条に基づき採用されている，保育教諭（主幹保育教諭，指導保育教諭，助保育教諭及び講師を含む）以外の教諭である。
　(7)　その他の職員には，幼保連携型認定こども園の教育・保育補助員及び養護職員（看護師等を除く）を含む。
出所：表 4 - 2 と同じ。

表 4-7　児童福祉施設に配置される主な職員

施設種別	職員の種類
助産施設 （第2種助産施設）	医療法に規定する職員のほか，1人以上の専任または嘱託の助産師，嘱託医（産婦人科の診療に相当の経験を有する者）
乳児院	医師または嘱託医（小児科診療に相当の経験を有する者），看護師，個別対応職員，家庭支援専門相談員，心理療法担当職員（心理療法を行う必要があると認められる乳幼児またはその保護者10人以上に心理療法を行う場合），栄養士，調理員（調理業務の全部を委託する場合は不要），里親支援専門相談員（里親支援を行う場合）
母子生活支援施設	母子支援員，嘱託医，少年を指導する職員，調理員またはこれに代わるべき者，心理療法担当職員（心理療法を行う必要があると認められる母子10人以上に心理療法を行う場合），これに個別対応職員（配偶者からの暴力を受けたこと等により個別に特別な支援を行う必要があると認められる母子に支援を行う場合）
保育所	保育士，嘱託医，調理員（調理業務の全部を委託する施設は置かないことができる）
認定こども園	保育教諭（副園長または教頭，主幹養護教諭，養護教諭または養護助教諭，事務職員は置くように努めなければならない）
児童厚生施設 　児童館・児童遊園	児童の遊びを指導する者
児童養護施設	児童指導員，嘱託医，保育士，個別対応職員，家庭支援専門相談員，栄養士（児童40人以下の場合は置かないことができる），調理員（調理業務の全部を委託する施設は置かないことができる），心理療法担当職員，（心理療法を行う必要がある児童10人以上に心理療法を行う場合），職業指導員（実習施設を設けて職業指導を行う場合），乳児が入所している施設には看護師，里親支援専門相談員（里親支援を行う場合）
障害児入所施設 （福祉型）	［主として知的障害児を入所させる施設］嘱託医（精神科または小児科の診療に相当の経験のある者），児童指導員，保育士，栄養士，調理員，児童発達支援管理責任者 ［主として自閉症児を入所させる施設］嘱託医，児童指導員，保育士，栄養士，調理員，児童発達支援管理責任者，医師（児童を対象とする精神科の診療に相当の経験のある者），看護職員 ［主として盲ろうあ児を入所させる施設］嘱託医（眼科または耳鼻咽喉科の診療に相当の経験のある者），児童指導員，保育士，栄養士，調理員，児童発達支援管理責任者，看護師 ※上記のほか，心理指導担当職員（心理指導を行う必要がある児童5人以上），職業指導員（職業指導を行う場合） ※児童40人以下の場合は栄養士を，調理業務の全部を委託する施設は調理員を置かないことができる。

（医療型）	医療法に規定する病院として必要な職員，児童指導員，保育士，児童発達支援管理責任者 ［主として肢体不自由のある児童を入所させる施設］理学療法士または作業療法士 ［主として重症心身障害児を入所させる施設］理学療法士または作業療法士，心理指導を担当する職員
児童発達支援センター （福祉型）	嘱託医，児童指導員，保育士，栄養士，調理員，児童発達支援管理責任者，機能訓練担当職員（日常生活を営むのに必要な機能訓練を行う場合），看護師（主として重症心身障害児を通わせるセンター），言語聴覚士（主として難聴児を通わせるセンター） ※児童40人以下の場合は栄養士を，調理業務の全部を委託する施設は調理員を置かないことができる。
（医療型）	医療法に規定する診療所として必要な職員，児童指導員，保育士，看護師，理学療法士または作業療法士，児童発達支援管理責任者
児童心理治療施設	医師（精神科または小児科の診療に相当の経験を有する者），心理療法担当職員，児童指導員，保育士，看護師，個別対応職員，家庭支援専門相談員，栄養士，調理員（ただし調理の全部を委託する施設は置かないことができる）
児童自立支援施設	児童自立支援専門員，児童生活支援員，嘱託医，精神科の診療に相当の経験のある医師（または嘱託医），個別対応職員，家庭支援専門相談員，心理療法担当職員（心理療法を行う必要がある児童10人以上に心理療法を行う場合），栄養士，調理員，職業指導員（実習施設を設けて職業指導を行う場合） ※児童40人以下の場合は栄養士を，調理業務の全部を委託する施設は調理員を置かないことができる。
児童家庭支援センター	支援を担当する職員

出所：松原康雄・圷洋一・金子充編『社会福祉』（新・基本保育シリーズ④）中央法規出版，2019年，59頁を筆者改変。

（2）社会福祉施設の職種

　社会福祉施設は，入所型の施設，通所型の施設，利用型の施設等があり，子ども，高齢者，障害者など対象者によって施設の種類が多岐にわたる。施設種別が多種多様であり，福祉施設で働く従事者の職種も様々ある。これらの中には資格の有無はともかく，①社会福祉専門職として直接・間接に社会福祉サービスの提供に関わる者，②医師，看護師，療法士，栄養士など他の専門職であるが，社会福祉サービス提供の分野で職務に従事している者，③

事務職員などのように，専門職ではないが専門家として働いている者など，多様な人たちがいる[10]。また，施設によって職員の配置基準が示されている。

　たとえば，児童養護施設の職員配置基準では，児童指導員，嘱託医，保育士，個別対応職員，家庭支援専門相談員，栄養士（児童40人以下の場合は置かないことができる），調理員（調理業務全部を委託する施設は置かないことができる），心理療法担当職員（心理療法を行う必要がある児童10人以上に心理療法を行う場合），職業指導員（実習施設を設けて職業指導を行う場合），乳児が入所している施設には看護師，里親支援専門相談員（里親支援を行う場合），などが挙げられる。

　保育所の職員配置基準では，保育士・嘱託医・調理員（調理業務の全部を委託する施設は置かないことができる）などが挙げられる[11]。なお，児童福祉施設に配置される主な職員は表4－7の通りである。

（3）社会福祉に関する専門職の資格

　社会福祉に関する専門職の資格では，保育士と社会福祉主事等があったが，やがて国家資格としての社会福祉士，介護福祉士等の資格制度が誕生した。社会福祉に関する資格には，大別すると国家資格と任用資格がある。任用資格とは，特定の職業ないし職位に任用されるための資格である。一般的には行政における特定の職に任用されるための資格として用いられることが多い。国家資格は，国によって認められた資格のことで，法律に基づいて，国や国から委託を受けた機関が実施し，能力や技術，知識などが一定水準に達していることで認定される。

　さて，日本における社会福祉専門職の問題が本格的に論議されたのは，1970年前後からであるといわれている。1980年代になって，地域福祉や在宅福祉サービス強化といった問題を背景として，再び社会福祉専門職論議が高まり，1989年の「社会福祉士及び介護福祉士法」の制定となって，社会福祉関係の国家資格が実現した[12]。

　高齢化の進展や国民の福祉に対するニーズの多様化などに対応するため，1987（昭和62）年関係審議会から「福祉関係の資格制度について」意見具申が行われた結果，社会福祉士及び介護福祉士法が制定され，1988（昭和63）年に施行された。その後，見直し等を内容とする同法の改正が行われた。

　ここでは社会福祉に関する資格等の中からいくつか取り上げて説明する。

1）社会福祉士

　社会福祉士とは，登録を受け，社会福祉士の名称を用いて，専門的知識および技術をもって，身体上もしくは精神上の生涯があることまた環境上の理由により日常生活を営むのに支障がある者の福祉に関する相談に応じ，助言，指導，福祉サービスを提供する者また医師その他の保健医療サービスを提供する者その他の関係者との連絡および調整その他の援助を行うことを業とする者をいう。[13]

2）介護福祉士

　介護福祉士とは，登録を受け，介護福祉士の名称を用いて，専門的知識及び技術をもって，身体上または精神上の障害があることにより日常生活を営むのに支障がある者につき心身の状況に応じた介護を行い，ならびにその者およびその介護者に対して介護に関する指導を行うことを業とする者をいう。

　なお，2011（平成23）年の社会福祉士及び介護福祉士法改正によって，従来実質的違法性阻却として通知で実施されてきた介護職員等による痰吸引等の業務が法制度として位置づけられた。[14]

3）精神保健福祉士

　精神保健福祉士法は，1997（平成9）年12月に臨時国会で可決され1998（平成10）年4月から施行された。精神保健福祉士は，名称独占の業務であり，その名称を用い，医療機関や社会福祉復帰施設を利用している精神障害者の社会復帰に関する相談に応じ，助言，指導，日常生活への適応のために必要な訓練その他の援助を行うことを業務としている。[15]

4）保 育 士

　戦前から生活困窮者，低所得階層の保護者の救済を目的として託児所が設置されていたが，戦後，1947（昭和22）年の児童福祉法の制定に伴い託児所は児童の福祉を図ることを主な目的とする保育所として位置づけられ，児童の保育担当者としての保母の資格が明確に規定された。

　保育士に従事する者は，女子に限定されていたが，1977（昭和52）年3月から児童福祉施設において保育に従事する男子にも，保母と同じ方法で保母に準じる資格を付与することができるようになった。1999（平成11）年4月から保母の名称を男女共通名称として保育士にあらためるなどの改正が行われた。2001（平成13）年に公布された児童福祉法の一部を改正する法律により，保育士資格が児童福祉施設の任用資格から名称独占資格に改められ，保育の質の向上が図られた。

　保育士とは，登録を受け，保育士の名称を用いて，専門的知識および技術をもって，児童の保育および児童の保護者に対する保育に関する指導を行うことを業とするものである。[16]

5）介護支援専門員（ケアマネジャー）

　介護支援専門員とは，要介護者等が自立した日常生活を営むのに必要な援助に関する専門的知識や技術を有するものとして，介護支援専門員証の交付を受けた者をいい，要介護者等からの相談に応じ，その心身の状況等に応じた適切なサービスが利用できるように，居宅サービス計画などを作成し，事業者等との連絡調整などを行っている。

　保健医療福祉分野での実務経験（医師，看護師，社会福祉士，介護福祉士，生活相談員等）が5年以上である者などが，介護支援専門員実務研修受講試験に合格後，介護支援専門員実務研修の課程を修了すると，都道府県知事の登録を受けることができ，介護支援専門員の交付を申請できる。なお，2006（平成18）年からは有効期限が5年とされ，更新の際には更新研修を受けなければならない。[17]

6）公認心理師

　今日，心の健康の問題は，国民の生活に関わる重要な問題となっており，学校，医療機関，その他企業をはじめとする様々な職場における心理職の活用の促進は，喫緊の課題となっている。このような状況を踏まえ，公認心理師の国家資格を定めて，その業務の適正を図り，もって国民の心の健康の保持増進に寄与すべく。公認心理師法が2015（平成27）年成立し施行された。[18]

　公認心理師は，登録を受け，公認心理師の名称を用いて，保健医療，福祉，教育その他の分野において，心理学に関する専門的知識および技術をもって，次に掲げる行為を業とする者をいう。

① 　心理に関する支援を要する者の心理状態の観察，その結果の分析。
② 　心理に関する支援を要する者に対する，その心理に関する相談・助言，指導その他の援助。
③ 　心理に関する支援を要する者の関係者に対する相談・助言，指導その他の援助。
④ 　心の健康に関する知識の普及を図るための教育および情報の提供。

7）社会福祉主事

　社会福祉主事とは，社会福祉法第18条に規定されている福祉事務所の現業員の任用資格（任用される者に要求される資格）であり，社会福祉施設職員等の資格に準用されている。社会福祉各法に定める援護または更生の措置に関する事務を行うためには，福祉事務所に必置の義務がある。なお，福祉事務所のない町村には任意設置である。

　社会福祉主事は，都道府県知事または市町村長の補助機関である職員であって，人格が高潔で思慮が円熟し，社会福祉の増進に熱意がある18歳以上の者のうち該当する者から任用することになっている。[19]

8）児童福祉司

　児童福祉司とは，児童相談所長の命を受けて，児童の保護その他児童福祉に関する事項について，相談に応じ，専門的技術に基づいて必要な指導を行う職員の任用資格であり，児童相談所に置くことが義務づけられている。児童福祉司の数は，政令で定める基準を標準として都道府県が定めることとされ，その配置標準は，各児童相談所の管轄地域の人口３万人に１人以上を基本とするとされている。[20]児童福祉司の主な業務は次の通りである。

① 子ども，保護者等から子どもの福祉に関する相談に応じること。
② 必要な調査，社会診断（調査により，子どもや保護者等の置かれている環境，問題と環境の関連，社会資源の活用の可能性等を明らかにし，どのような援助が必要であるかを判断するために行う調査）を行うこと。
③ 子ども，保護者，関係者等に必要な支援・指導を行うこと。
④ 子ども，保護者等との関係調整（家族療法など）を行うこと。

　児童福祉司の任用要件に関する事項として，児童虐待を受けた児童の保護その他児童の福祉に関する専門的な対応を要する事項について，児童及びその保護者に対する相談及び必要な指導等を通じて，的確な支援を実施できる十分な知識及び技能を有する者として内閣府令で定めるものを追加した。[21]

9）児童指導員

　児童指導員は，児童養護施設，障害児入所施設，児童発達支援センター，児童心理治療施設，乳児院等の機関に配置される。資格要件は，①児童福祉施設職員養成学校等の卒業者，②社会福祉士資格保有者，③精神保健福祉士資格保有者，④大学で社会福祉学，心理学，教育学，社会学を専修する学科を修めて卒業した者，⑤大学で学科に関する科目の単位を優秀な成績で修得したことにより大学院入学を認められた者，⑥大学院で社会福祉学，心理学，教育学，社会学を専攻する研究科を修めて卒業した者，⑦小・中・高等学校，

中等教育学校の教諭となる資格を有する者，⑧3年以上児童福祉事業に従事した者等とされる。保育士と連携して子どもの生活に関わり，関係機関との連絡調整等を行っている。

10）児童自立支援専門員

児童自立支援専門員は，児童自立支援施設に配置され，児童の自立支援を行う者である。①精神保健に関して学識経験を持つ医師，②社会福祉士資格保有者，③児童自立支援専門員養成校等の卒業者，④大学で社会福祉学，心理学，教育学，社会学を専攻する学科の卒業者等とされる。

11）児童生活支援員

児童生活支援員は，児童自立支援施設に配置される。①保育士資格保有者，②社会福祉資格保有者，③3年以上児童自立支援事業に従事した者等とされる。

（4）社会福祉の専門性

社会福祉の分野で働く人たちは，自分の職業に対して自律的な職業としての専門職であるという認識は必要であろう。専門職に対する問題への問いかけが求められる

わが国の専門職論議として，日本の状況を考慮した専門職化のための内的条件，外的条件として次のような提案がなされてきた。

内的条件としては，①体系的な理論と技術，②社会的継承，③倫理綱領，④専門職団体の組織化等である。外的条件としては，⑤労働条件・労働環境の改善，⑥組織と運営の民主化，⑦研究・研修体制の整備などである。しかし，これらの条件を表面的に満たしたからといって，専門職として確立していると理解するよりも，これらの諸条件を整備していく中で，専門職として確立し，また自らの自律性も獲得されていくと理解される。

社会福祉事業の経営者は，福祉サービスを必要とする者が，心身ともに健やかに育成され，又は社会，経済，文化，その他あらゆる分野の活動に参加

する機会を得るとともに，その環境，年齢及び心身の状況に応じ地域におい
て必要な福祉サービスを総合的に供給されるように，社会福祉事業その他の
社会福祉を目的とする事業の広範かつ計画的な実施に努めなければならない。
かつての「処遇を受ける者」から「福祉サービスの利用者」へと変化し，福
祉サービス提供者は，安心のあるより良いサービスの提供が求められる。[26]

　そして，社会福祉の専門性については，様々な視点で論議されている。た
とえば，『社会福祉施設経営管理論』（宮田裕司編，全国社会福祉協議会）では，
次のように記される。

　福祉サービス提供者は，社会福祉の専門性をもっている。倫理・哲学・専
門知識・技能によって，この利用者に必要なサービスは何か，最も有益な
サービスは何かという判断ができることが専門性である。その判断が利用者
の現在の期待感と異なることもありうる。また，サービス提供者に関する
様々な判断は最終的には個人によるのではなく，チームによるものでなくて
はならない。これらを総合的に判断して，真に利用者に価値あるサービスと
そのための援助のあり方を，利用者に納得してもらいながら判断することが，
サービスにおける専門性といえるのではないか。

　そのため，武居敏は，この点について「利用者理解，利用者との援助関係
の形成により，今必要なサービス内容を利用者自身が決定することを援助で
きることも専門性である[27]」と説明している。

（5）保育所職員に求められる専門性と倫理

　保育所は児童福祉法第39条の規定に基づき，保育を必要とする子どもの保
育を行い，その健全な心身の発達を図ることを目的とする児童福祉施設であ
る。入所する子どもの最善の利益を考慮し，その福祉を積極的に増進するこ
とに最もふさわしい生活の場でなければならない。

　その目的を達成するために，保育に関する専門性を有する職員が，家族と
の緊密な連携下に，子どもの状況や発達過程を踏まえ，保育所における環境

を通じて，養護及び教育を一体的に行うことを特性としている。[28]

　保育所職員は，各職種の専門性を認識しつつ，子どもや保護者等との関りの中で，自己を省察し，保育につなげていくことが重要とされる。

　保育所職員に求められる専門性は，子どもの最善の利益を考慮し，人権に配慮した保育を行うためには，職員一人ひとりの倫理観，人間性，保育所職員としての職務及び責任の理解と自覚が基盤となる。

　各職員は，自己評価に基づく課題等を踏まえ，保育所内外の研修等を通じて，保育士その他，職務内容に応じた専門性を高めるため，必要な知識及び技術の修得，維持及び向上に努めなければならない。[29]

　保育士がもつべき倫理観の具体的内容は，各関係団体等において，倫理綱領などが定められている。資料4−1は，全国保育士会倫理綱領である。

コラム8　保育士さん笑顔で働いている？

　ある保育士さんの声が気になった。

　「昨年まで私は，小規模の保育園で保育士をしていました。世の中の保育士不足，加重労働を絵に描くように，私の勤めていた園もそうでした。朝から夜までノンストップで働きました。そんな時，私はどんな顔をして子どもたちと接しているのだろうかと，ふと思いました。保育士に必要な元気で明るく笑顔を心得てきたはずだったのに，ゆとりもなく，ただひたすら職務に追われ，疲れた顔をして子どもたちと接しているのでは，と思ってしまう」

　優しい保育士さんでいたいのにやがて，いつのまにか疲れた保育士さんになっているというものだった。

　保育士の処遇改善の課題は，論議されつつあるが，早く現場の実態とつながってほしいと感じる。

事後学習

①　保育士に求められる専門性についてさらに検討してみよう。

　すべての子どもは，豊かな愛情のなかで心身ともに健やかに育てられ，自ら伸びていく無限の可能性を持っています。
　私たちは，子どもが現在（いま）を幸せに生活し，未来（あす）を生きる力を育てる保育の仕事に誇りと責任をもって，自らの人間性と専門性の向上に努め，一人ひとりの子どもを心から尊重し，次のことを行います。

　　　私たちは，子どもの育ちを支えます。
　　　私たちは，保護者の子育てを支えます。
　　　私たちは，子どもと子育てにやさしい社会をつくります。

（子どもの最善の利益の尊重）
1　私たちは，一人ひとりの子どもの最善の利益を第一に考え，保育を通してその福祉を積極的に増進するよう努めます。
（子どもの発達保障）
2　私たちは，養護と教育が一体となった保育を通して，一人ひとりの子どもが心身ともに健康，安全で情緒の安定した生活ができる環境を用意し，生きる喜びと力を育むことを基本として，その健やかな育ちを支えます。
（保護者との協力）
3　私たちは，子どもと保護者のおかれた状況や意向を受けとめ，保護者とより良い協力関係を築きながら，子どもの育ちや子育てを支えます。
（プライバシーの保護）
4　私たちは，一人ひとりのプライバシーを保護するため，保育を通して知り得た個人の情報や秘密を守ります。
（チームワークと自己評価）
5　私たちは，職場におけるチームワークや，関係する他の専門機関との連携を大切にします。
　また，自らの行う保育について，常に子どもの視点に立って自己評価を行い，保育の質の向上を図ります。
（利用者の代弁）
6　私たちは，日々の保育や子育て支援の活動を通して子どものニーズを受けとめ，子どもの立場に立ってそれを代弁します。
　また，子育てをしているすべての保護者のニーズを受けとめ，それを代弁していくことも重要な役割と考え，行動します。
（地域の子育て支援）
7　私たちは，地域の人々や関係機関とともに子育てを支援し，そのネットワークにより，地域で子どもを育てる環境づくりに努めます。
（専門職としての責務）
8　私たちは，研修や自己研鑽を通して，常に自らの人間性と専門性の向上に努め，専門職としての責務を果たします。

社会福祉法人全国社会福祉協議会
全国保育協議会
全国保育士会

（平成15年2月26日　平成14年度第2回全国保育士会委員総会採択）
出所：全国保育士会「全国保育士倫理綱領」2003年。

重要語句

・社会福祉法

　福祉サービスの利用者の利益の保護，地域における社会福祉の増進を図るとともに，社会福祉事業の公明適切な実施の確保，社会福祉を目的とした事業の健全な発展を図り，もって社会福祉の増進に資することを目的とした法律である。社会福祉事業法を改正，名称を変更して2000（平成12）年に交付された。

・社会福祉協議会

　社会福祉協議会は，民間の社会福祉活動を推進することを目的とした営利を目的としない民間組織である。市区町村社会福祉協議会，都道府県社会福祉協議会，全国社会福祉協議会など，全国的な取り組みや地域の特性に応じた活動など，様々な場面で地域の福祉増進に取り組んでいる。

・社会福祉事業団

　社会福祉事業団は，「社会福祉事業団等の設立及び運営の基準について」（昭和46年7月16日付社庶第121号厚生省社会局長・児童家庭局長連名通知）に基づき設立された社会福祉法人で，地方公共団体が設置した社会福祉施設の経営を行っている。

・障害者支援施設

　障害者総合支援法に「障害者につき，施設入所支援を行うとともに，施設入所支援以外の施設障害福祉サービスを行う施設」と規定されている施設である。具体的には，障害者に対し，夜間から早朝にかけては「施設入所支援」を提供するとともに，昼間は「生活介護」などの「昼のサービス（日中活動事業）」を行う社会福祉施設である。

・全国保育士会

　全国保育士会は「全国保育士会倫理綱領」の理念のもと，「子どもの育ちを支え，保護者の子育てを支え，子どもと子育てにやさしい社会をつくる」ことを目的に活動している。1956（昭和31）年につくられ，2021（令和3）年時点では，18万8,000人余りを会員とする組織である。

注

(1)　宮田裕司編『社会福祉施設経営管理論2021 改訂12版』全国社会福祉協議会，2021年，44頁。

(2)　田代国次郎・大和田猛編『社会福祉研究入門』中央法規出版，2001年，26頁。

(3)　小笠原裕次・福島一雄・小國秀夫編著『社会福祉施設』有斐閣，1999年，

　　3-4頁。

⑷　厚生労働統計協会編『国民の福祉と介護の動向・厚生の指針』増刊68(10) 通
　　巻第1067号, 厚生労働統計協会, 2021年, 260頁。

⑸　前掲(1), 44-45頁。

⑹　前掲(4), 260頁。

⑺　同前, 261-262頁。

⑻　報道情報から筆者作成。

⑼　前掲(2), 244頁。

⑽　古川孝順・松原一郎・社本修編『社会福祉概論』有斐閣, 1995年, 165頁。

⑾　松原康雄・圷洋一・金子充編『社会福祉』(新・基本保育シリーズ④) 中央法
　　規出版, 2019年, 58-59頁。

⑿　前掲(9), 157-158頁。

⒀　前掲(4), 246頁。

⒁　同前。

⒂　同前, 250頁。

⒃　同前, 251-252頁。

⒄　同前, 254-255頁。

⒅　同前, 253-254頁。

⒆　同前, 256頁。

⒇　同前, 257頁。

㉑　厚生労働省子ども家庭局長, 厚生労働省社会・援護局障害保健福祉部長「児
　　童福祉法の一部を改正する法律」の公布について (通知), 2022年6月15日付。

㉒　前掲(4), 313頁。

㉓　同前。

㉔　同前, 315頁。

㉕　前掲(9), 157頁。

㉖　前掲(1), 44-45頁。

㉗　同前, 50頁。

㉘　厚生労働省編『保育所保育指針解説』フレーベル館, 2019年, 13-14頁。

㉙　同前, 345-346頁。

参考文献

井元真澄・坂本健編著『実践に活かす社会福祉』(シリーズ・保育の基礎を学ぶ

①）ミネルヴァ書房，2020年。

大久保秀子『新・社会福祉とは何か 第 4 版』中央法規出版，2022年。

大塚良一・小野澤昇・田中利則編著『子どもの生活を支える社会福祉』ミネルヴァ書房，2015年。

小笠原裕次・福島一雄・小國秀夫編著『社会福祉施設』有斐閣，1999年。

小野澤昇・田中利則・大塚良一編著『保育の基礎を学ぶ福祉施設実習』ミネルヴァ書房，2014年。

第5章　ソーシャルワーク

本章の概要と到達目標

（1）概　　要
　近年，少子高齢化，核家族化が進み，家庭における養育力が低下している。そのために，子ども子育て支援や地域での支え合いが一層注目されている。これらの時流のなかで地域における支え合いのシステムの柱に，十分に保育の経験を積み，地域の状況を的確に把握している保育士の必要性が求められている。
　これらの流れを背景として，虐待や貧困，障害，学習障害，難病等をはじめとする困難な状況を抱えている乳幼児や児童が数多く散見されるようになっている。そのために，これまで以上に医療や心理，福祉等に精通した支援が保育現場で求められている。また，保育士が就労し，役割を果たす現場は保育所に限定されることはなく，乳児院や児童養護施設，児童発達支援事業所，放課後等デイサービス事業所，保育所等訪問支援等，社会福祉の各領域に拡充されている。加えて，これらの児童福祉関連の施設を利用する乳幼児や児童を支援することは，ひいては保護者や家族等を支援することにつながり，複雑な家族問題に対応しなくてはならないことが予測される。
　本章では，ソーシャルワークの倫理や価値，保育士が実際に支援する対象について触れながら，保育士に期待される支援の内容とソーシャルワークの展開過程や原則の基礎について述べることにする。
（2）到達目標
　①　保育士の職の拡充を理解する。
　②　保育士の専門性を理解する。
　③　ソーシャルワークの対象を理解する。
　④　ソーシャルワークの展開過程を理解する。
　⑤　ソーシャルワークの原則を理解する。

1　保育士に求められる業務の拡充とソーシャルワークを担う必要性

事前学習

① ケアワークとソーシャルワークの違いについて調べておく。
② 保育士の業務や職域について調べておく。

　一般的に保育士が実践する相談援助については，「保育ソーシャルワーク」という用語が使用されている。しかし，本章ではその用語を使用しないで，章のタイトルを「ソーシャルワーク（相談援助，以下略）」と記述する。なぜなら社会福祉士や精神保健福祉士等の国家資格と同等の社会的地位が認められている国家資格として保育士を位置づける業務の多様化や活動域の拡充が期待されていると考えるからである。

　おそらく保育士の先輩方は，これまでも「保育士」という立場で乳幼児の発達や障害に関する相談を数多く受けてきたと思う。

　ところが，時を経るにつれて，乳幼児や児童に対する虐待や貧困，ひきこもり等の複雑な問題が社会問題として浮上し，これまでの社会福祉や教育の理念及び体系のなかでの対応が難しくなってきた。それと同時に保育士がインクルーシブ保育や療育を，保育所や児童福祉施設等で推進する新たなる文化やシステムが日本の社会に導入される事態を迎えることになった。

　そのために，これまで保育士が実践してきた保育所や児童福祉施設等を利用する乳幼児や児童，保護者，家族を対象に支援する，保育の延長線上での相談やアドバイスに限定された保育支援や家族支援では納まりきれない事態を迎えるようになった。

（1）保育士業務の拡充とソーシャルワーク

　保育士の専門性については，内閣府・文部科学省・厚生労働省「幼保連携

型認定こども園教育・保育要領，幼稚園教育要領，保育所保育指針，中央説明会資料（保育所関係資料）」（2017年7月）に「①これからの社会に求められる資質を踏まえながら，乳幼児期の子どもの発達に関する専門的知識を基に子どもの育ちを見通し，一人一人の子どもの発達を援助する知識及び技術，②子どもの発達過程や意欲を踏まえ，子ども自らが生活していく力を細やかに助ける生活援助の知識及び技術，③保育所内外の空間や様々な設備，遊具，素材等の物的環境，自然環境や人的環境を生かし，保育の環境を構成していく知識及び技術，④子どもの経験や興味や関心に応じて，様々な遊びを豊かに展開していくための知識及び技術，⑤子ども同士の関わりや子どもと保護者の関わりなどを見守り，その気持ちに寄り添いながら適宜必要な援助をしていく関係構築の知識及び技術，⑥保護者等への相談，助言に関する知識及び技術」と明確に記されている。⁽¹⁾

　近年，保育士はこれらに加えて，新たに地域社会におけるソーシャルワークの領域まで支援業務を拡充する必要性に迫られている。たとえば，女性の社会進出と軌を一にするかのように全国各地で問題視されている，育児不安や育児ノイローゼ，あるいは児童虐待等々に散見される「育児力の低下」という深刻な問題である。そして，国はこのような深刻な事態への対応として，保育士の業務範囲を「子育て支援」や「子育てサポート」等の在園乳幼児や児童のみを対象とした保育実践に限定するのではなく，地域で暮らしている乳幼児や児童，保護者，家族をも支援業務の対象とし，活動範囲を広げることを期待している。

　これらを背景として，保育士は従来の在園児のみに施してきた「保育実践者」としての役割に加えて，「ソーシャルワーク」の専門家としての役割まで業務を拡大し，保育実践との2つの分野を担う専門家として期待されはじめている。

（2）保育士が活躍できる新たな分野の資格の創設

2012（平成24）年に新たに児童福祉法が改正されたことにより，障害のある乳幼児や児童が，児童発達支援事業所や放課後等デイサービス事業所等の支援給付を受けるために必要な個別支援計画書や定期的な評価（モニタリング）等を作成し担当する児童発達支援管理責任者の資格や，保護者の依頼を受けて保育所，幼稚園，小学校，特別支援学校，認定こども園等を訪問し，当該障害児童以外の子どもとの集団生活に適応できるようにコーディネートするために支援する保育所等訪問支援事業が創設され，訪問支援員の資格が生まれたことにより，保育士がソーシャルワークを行う機会が一層増加した。

コラム9　児童発達支援責任者の実務の現状

児童発達支援管理責任者（以下，児発管）とは障害を持つ子どもが福祉サービスを利用する際に必要な個別支援計画を作成し，提供サービスを管理する専門職である。児発管は障害児支援施設へ1名以上配置することが義務づけられている。指導員との兼任はできないが，管理者との兼任は可能である。

日常の業務としては，個別支援計画は子どもや保護者の意向や子どもの適性，障害特性などを踏まえて作成される。サービスの提供が始まったあとも経過をモニタリングし，半年に一度は計画書の評価と修正を行うことを主な業務とする。

児発管になるための研修を受ける必要がある。また，研修を受ける前提として実務経験を必要とするが，有資格者，無資格者等でその実務経験年数は異なるので児発管を目指す学生や社会人は事前に周知・確認しておく必要がある。

（3）ソーシャルワークとは何か

現代の社会生活を営む上では様々な生活上の問題がある。これらの問題を解決する方法の一つがソーシャルワークである。人間には，高齢になったり，障害を抱えたりすることによって生活上の問題を抱えることがある。また，貧困問題やDV問題に悩まされたり，虐待問題を抱えたりすることにより，普通の日常生活を営むことができなくなる事態に陥ることがある。

乳幼児や児童に絞って考えてみると，障害や難病，虐待，貧困，ひきこもり等の問題が考えられる。特に，これらの問題は保護者や家族とは切っても切れない関係性にあることから，このような状況を迎えたときには，保護者や家族への支援やソーシャルワーク等が必要となる。

　しかし，ソーシャルワーク実践を行う際には，対象となるクライエント（相談ニーズのある人，以下略）個人や社会環境の仕組みに問題があるという捉え方はしない。なぜなら，クライエントに生じている問題は，「個人と環境の相互作用のなかで問題が生じている」という考え方をするからである。

（4）ソーシャルワークの萌芽

　ソーシャルワークが発祥したといわれる19世紀後半には，ソーシャルワークはすでに地域社会において実践されていたと推察される。たとえば，イギリスのロンドンでYMCA（キリスト教青年会，以下略）が1844年に創立されている。YMCAは当時の活動理念の根幹にキリスト教精神を据え，ロンドンの貧困街の子どもたちを対象としたプログラム活動を展開した。このYMCAの活動の特徴は，子どもたちや移民，労働の問題に力を注ぎ，大学生やボランティアとの人間関係を中心としたグループの力を使って支援やソーシャルワークを実践した点にある。そして，これらの活動は，その後グループワーク（グループに分け，テーマに沿って共同で作業させる）やレクリエーション療法に発展する源流となり，さらに力強く育って行くプロセスを辿る。

　また，1869年になると，ロンドン慈善組織協会が結成されている。この協会が実践したCOS活動の特徴は，救護が必要なクライエントを訪問し，生活相談と共に救済活動を行う友愛訪問や，民間人が貧困地域に赴いて医療や宿泊場所を提供したところにある。また，貧困に苦しむ人を支えたセツルメント運動では，スラム街（都市部で極貧層が居住する過密化した地区）で暮らす家庭を訪問し，教会などの地域の活動に参加することを呼びかけている。そして子どもにはレクリエーション活動への参加を促している。

　一方，日本におけるソーシャルワークの萌芽は1897年に片山潜が行った東京神田のキングスレー館の開設である。キングスレー館はセツルメント活動に力を入れている。キングスレー館はイギリスのトインビー（歴史家・歴史哲学者）からの影響を受けて作られ，幼稚園や職工教育会，成年クラブ，大学普及講演会，渡米協会等の事業を行っている。

（5）ソーシャルワークの定義及び価値と倫理

　ソーシャルワーク専門職の IFSW（国際ソーシャルワーカー連盟）及び IASSW（国際ソーシャルワーク学校連盟）により採択（2014年）された「ソーシャルワーク専門職のグローバル定義」では，「ソーシャルワークは，社会変革と社会開発，社会的結束，および人々のエンパワメントと解放を促進する，実践に基づいた専門職であり学問であるとされている。社会正義や人権，集団的責任，および多様性尊重の諸原理は，ソーシャルワークの中核をなしている。ソーシャルワークの理論，社会科学，人文学，および地域・民族固有の知を基盤として，ソーシャルワークは，生活課題に取り組みウェルビーイング（その人にとって良い状態）を高めるよう，人々やさまざまな構造に働きかける」と規定し，ソーシャルワークの知識，技術の専門性と倫理性の維持・向上が専門職の責務であることを認識し，本綱領を制定してこれを遵守することを誓約している。日本では，同定義を2017（平成29）年3月から6月における日本ソーシャルワーカー連盟構成4団体（日本ソーシャルワーカー協会，日本医療社会福祉協会，日本精神保健福祉士協会，日本社会福祉士会）及び日本社会福祉教育学校連盟各団体の総会において「日本における展開」を採択している。

　一方，『社会福祉の倫理』の著者レヴィ（Levy, C.）は，倫理を「人間関係およびその交互作用に価値が適用されたもの」と規定し，人間関係における行動に直接影響を及ぼす点に特色があると述べている。それゆえ，ソーシャルワーカーは，個人の倫理観ではなく，専門職としての倫理に基づいて行動

表5-1　社会福祉士の倫理綱領の中の「原理」（2020年6月30日採択）

Ⅰ（人間の尊厳）
　社会福祉士は，すべての人々を，出自，人種，民族，国籍，性別，性自認，性的指向，年齢，身体的精神的状況，宗教的文化的背景，社会的地位，経済状況などの違いにかかわらず，かけがえのない存在として尊重する。

Ⅱ（人権）
　社会福祉士は，すべての人々を生まれながらにして侵すことのできない権利を有する存在であることを認識し，いかなる理由によってもその権利の抑圧・侵害・略奪を容認しない。

Ⅲ（社会正義）
　社会福祉士は，差別，貧困，抑圧，排除，無関心，暴力，環境破壊などの無い，自由，平等，共生に基づく社会正義の実現をめざす。

Ⅳ（集団的責任）
　社会福祉士は，集団の有する力と責任を認識し，人と環境の双方に働きかけて，互恵的な社会の実現に貢献する。

Ⅴ（多様性の尊重）
　社会福祉士は，個人，家族，集団，地域社会に存在する多様性を認識し，それらを尊重する社会の実現をめざす。

Ⅵ（全人的存在）
　社会福祉士は，すべての人々を生物的，心理的，社会的，文化的，スピリチュアルな側面からなる全人的な存在として認識する。

出所：日本社会福祉士会HP（https://www.jacsw.or.jp/citizens/rinrikoryo/，2022年12月28日アクセス）。

することが求められる。

　これらを背景として各専門職団体には，各々の倫理綱領が整備されている。たとえば，社会福祉士の倫理綱領（日本社会福祉士会）では社会福祉士の活動の目安となる倫理綱領や倫理基準を提示し，日本国憲法第25条で定められている生存権の確保の一翼を担う専門職として守らなければならないことを示唆している。また，憲法第25条の期待に齟齬のない，質の高い専門性や価値基準に基づいたソーシャルワーク実践を遂行することを誓っている。

　ここでは日本社会福祉士会が掲げている倫理綱領の中でも重要な「原理」（2020年6月30日採択）に注目し，表5-1に示す。なお，倫理綱領には，「原理」の他に「倫理基準」を示し，「クライエントに対する倫理責任」や「組織・職場に対する倫理責任」「社会に対する倫理責任」「専門職としての倫理

責任」の項目について記述してあるが，ここでは割愛する。

　表5-1にある「原理」では，人間の尊厳，人権，社会正義，集団的責任，多様性の尊重，全人的存在についての価値と原理が明記されている。人間の尊厳においては，どのような状態に人があっても，人は等しく尊重されなければならないと明確に示し，ソーシャルワークの目指す方向性を明らかにしている。

事後学習

① 「ソーシャルワーク専門職のグローバル定義」に目を通しておこう。
② 日本ソーシャルワーカー協会の倫理綱領について目を通しておこう。

2　保育士が担うソーシャルワークの対象と展開過程・原則

事前学習

① 児童相談所の相談内容について調べておく。
② 児童養護施設に入所している児童について調べておく。

（1）ソーシャルワークの対象

1）子育て不安・子育て相談

　近年，インターネットやスマートフォン等を通じて，情報を得る手段が多方面にわたっている割には子育て情報や手法に疎い人が目立つようになってきている。そのために，「乳幼児や児童の爪かみや指しゃぶり等が入学前になっても治まらない」「他の子どもの動きについていけない」「落ち着きがない」，あるいは「何度言っても同じ失敗をする」等について，乳幼児や児童を育てる保護者から保育士が相談を受ける機会が増えている。これらの相談を受けるときに，保育士は保護者が抱えている心配や不安に対し，「どうしてこの程度の相談をするのだろう」と思うことがあったり，「心配しすぎで

はないかと思う」ことがあったりするかもしれない。乳幼児や児童の発達や成長には個人差があるのは常識である。乳幼児や児童が健康診査を受けることは母子保健法で決められており，すべての子どもが1歳6か月健康診査や3歳児健康診査等を受診することになっている。

　対象となる乳幼児や児童が奇異な行動や心理的，あるいは精神的な問題を日常的に示すならば別であるが，心配しすぎることは乳幼児や児童の発育や性格形成に影響を与えかねない。それゆえ，過剰に心配したり，不安を持ったりすることはやめた方が良い。昭和30～50年代とは異なり，隣同士との関係や親類縁者とのつながりは一層希薄になってきている。したがって，乳幼児のことを身近に相談できる相手は自ずと保育士（幼稚園教諭等，以下略）になってしまいやすい。それゆえ，保育士は在園児に加えて，地域のなかで自分の育てる乳幼児や児童の成長や発達等について心配し，「あーでもない。こーでもない」と思い悩む保護者や家族の不安や悩みを柔らかく受け止め，適切なアドバイスをすることが期待されている。

2）発達不安・発達相談

　保育所や学童保育等へ通っている乳幼児や児童を見ていると，ついつい発達障害や学習障害のある子どもに目が行ってしまう。しかも，保護者や家族はさほど気にしてはいないし，焦ってもいないケースがある。こちらから，保護者に声をかけてみようかなと迷うが，やたらとこちらからアウトリーチ（支援者側から心配される問題について働きかける）をかける勇気も出てこない。なぜなら，都市化や産業化，核家族化がさらに進むなかで，人間同士の関係が一層希薄化してきている。加えて，保護者や家族に「お金を払ってサービスを利用している」というユーザー意識の高まりが観られる。

　それゆえ保護者に下手にアウトリーチをかけると，「サービスを利用してあげているのに失礼な」というような意識が介在し，乳幼児や児童のことを心配している保育士との人間関係が不健康な関係に陥りかねない危険性がある。このような乳幼児や児童に出くわしたときは，経験豊富な保育士でもど

うしたら良いか思い悩むのが常である。

　そのなかで，もし乳幼児や児童の発達や成長について保護者自ら気がついて保育士が相談をされたら，保育士は焦らず，慌てず，相手の気持ちを受け止め，的確なアドバイスをしてあげてほしい。そして，医師の診察を受ける必要があると思われる乳幼児や児童の発達の遅れや歪みがあると思われる場合には，児童相談所や保健所等を紹介したり，市町村の子ども子育て支援課の乳幼児や児童の発達相談の担当者につないだりしてほしい。また，我が子の発達や成長の歪みになかなか気がつかない保護者や家族がいる場合には，時間をかけて乳幼児や児童の問題点に気がつくような取り組みや語り掛けを慎重に行っていただきたい。

3）虐待・虐待不安

　乳幼児や児童等に対する虐待は少子化のなかで，相談件数が増加し続けている。加えて，人間業とは思えないほど酷い虐待内容が散見されるようになってきている。

　これらの虐待の背景となる要因は，家庭崩壊や経済破綻，ひとり親の増加，DVの増加など様々である。しかも，人間社会の環境の悪化や社会構造が劣化するなかで，かつそれぞれの家庭内の不健康な要因を背景として起きている事柄だけに，問題を解決・緩和することは極めて困難なことである。

　そのなかで，保育士は保育所や児童発達支援事業所，放課後等デイサービス事業所等で日常業務を行うなかで，子どもの様子や服装（下着を含む）の乱れ・汚れ，身体の痣や傷等から，虐待の可能性についてふと感じることがあるかもしれない。また，日ごろ，乳幼児や児童を保育したり療育したりしているなかで，乳幼児や児童の異変に気がつくことも少なくない。それゆえ，「もしや虐待の兆しかな」という予感がしたら，まずは保護者に声をかけることを心がけてほしい。そして，乳幼児や児童に虐待があるのではないかと確信に近いものを感じた時には，いちはやく市町村役場（子ども子育て支援課）や児童相談所等へ連絡をしてほしい。火の粉は燃えあがる前に消し去る

ことが最良である。

4）ひとり親家庭

　近年，結婚した夫婦の３組に１組が離婚している現状や，様々な事情により，一人で子育てをすることになったひとり親家庭が増えている。年齢が20～40代の人たちが，故郷に帰省したときに，「あの人もこの人も離婚」と久しぶりに出会った友人から聞かされて驚くことも少なくないと思う。

　一人で子どもを育てることは，一人で二役三役を担わなければならない事態に陥る可能性が高い。特に，身近に支えてくれる近親者や友人などの支援者がいない環境で，子育てをしなくてはならない家庭では，生活不安や育児不安等，多様な問題を親が一人で抱え込まざるを得ない事態に陥りやすい。加えて，多重負債や日常の生活費，乳幼児や児童の保育費や教育費等，多種多様な問題が纏わりついてくる。つい最近，30代後半のひとり親家庭の母親（知人）から，「生活費の工面が思うようにできない」，「いろいろ考えたが今までのバイトに加えて，介護施設の夜勤のバイトへ行こうかと思う」と相談されたことがある。さすがに「それは今一度考えた方が良いのではないか」と再考するように勧めた。しかし，あの人がそこまで言うのだから，相当，生活費に困っているのであろうと思いを馳せた。

　ひとり親家庭の親が抱えるのは金銭問題だけではない。ひとり親であろうが，なかろうが自治会や保育所等の役員はお構いなしに順番でやってくる。また，正規の職員で就職をしたり，アパートやマンションを借りたりする際にも保証人が必要である。今の時代，なかなか保証人になってくれる人を見つけるのは難しい。

　ひとり親家庭の多くは就労の関係で保育所や児童発達支援事業所，放課後等デイサービス事業所，学童保育事業所等に乳幼児や児童を預けていると思われる。ひとり親にとって保育士の存在は大きい。また，ひとり親にとっては身近な相談相手になれる可能性が高い。それゆえ，ときには解決・緩和が難しい相談があると思うが，一つひとつの相談を保育士には受け留めてあげ

てほしい。保育士に期待するところ大である。

5）子どもの情緒不安定と保護者の精神的不調

「自分の 5 歳の一人息子が情緒不安定で夜寝ないし，食欲もない」ので心配していたところ，「こどもセンターという建物のネーミングを見て，飛び込んできた」という母子とソーシャルワーカーが相談することになった。ワーカーが母親の話を聞いてみると，「A 県 C 市で結婚した男性の DV がひどくて，B 県 D 市にある NPO 団体を頼ってきた。その間，色々なことがあったことから子どもに負担をかけてしまった。昨日から元気がなく表情が硬いので相談に応じてほしい」とのことだった。見るからに母子共にやつれていた。母親の話では，「B 県 D 市に移り住んでも，ストーカー不安は無くならない。また，住民票を B 県 D 市に移動していないし，A 県 C 市で裁判をしているが，まだ離婚も成立していないので，健康保険もつくれない」と母親は興奮気味にワーカーに訪問理由を話した。なお，生活保護は申請中とのことである。

　一応，心配なので，こどもセンターの隣にある系列の病院の食堂で母親と息子に食事をしてもらい，そのあとで市役所の子ども子育て支援課に依頼して保健所の小児科医と精神科医の診察を受けてもらうことにした。すると，2 人の医師の診断は息子の方は軽い栄養不良だが，母親の方がひどい双極性障害なので，早めに NPO 法人と相談して，母親を入院させた方が良いとの診断だった。医療費の問題は，今後，B 県 D 市と話し合いをすれば良いのではないかと，2 人の医師と会計担当者が相談して決めた。

　近年，保育所や乳児院，児童養護施設を利用する理由の一つに保護者が病気であることがあげられている。しかも精神的な病が占める割合が高くなってきている。誰もが働く現代社会では心身（精神的な病も含めて，以下略）の不調から育児が思うようにできなかったり，やむを得ない状況のなかで育児放棄に陥ってしまったりしている人も少なくないと思われる。また，保護者の心身の不調を背景として，乳幼児や児童の情緒不安や精神の乱れにつなが

ってしまう危険性もある。保育士はこれらの状況を熟知した上で乳幼児や児童，保護者，家族と積極的に関わってほしい。

その他，乳幼児や児童に対するいじめや祖父母の介護，保護者の経済生活破綻等，保育士が相談を受けると思われる問題が多々あると思われる。しかし，ここでは文字数が多くなる可能性が高いので割愛する。

（2）ソーシャルワークの展開過程

ソーシャルワークの具体的展開にあたっては，効果的・合理的に援助を展開することが，実践者にとって欠かすことができないものである。展開過程とは，実際に行う上での道筋のことである。たとえば，ヨットマンが太平洋を横断し，目的地に到達するために準備するものとして，食糧品や水，生活必需品，医薬品等は当然計算に入れると思う。加えて，ヨットで太平洋を一人で航海するために欠かせない航海用海図や全地球測位システム（GPS）を準備することが目的を達成するための鍵となる。これらの工程は目的達成の道筋を考えながら決めていくことが大切となる。

同様に，ソーシャルワーカー実践を行う場合には，ワーカーとクライエントは共同（協働）作業を行いながら，多様なプロセスを経てソーシャルワーク実践を展開し，各段階で如何なる内容や質・方向性の活動を行うのか，ある程度の道筋を決めておくことが求められる。これらを背景として，ここではソーシャルワーク実践において活用される展開過程について注目し説明を行う（図5-1）。

1）ケースの発見

ケースの発見とはソーシャルワーカーがクライエントの抱えるニーズを発見することを意味する。クライエントがソーシャルワーカーに相談に訪れる場合と，クライエントは特に問題とは思ってはないケースで，支援が必要であるにもかかわらず福祉サービスが届いていない人に対し，ソーシャルワーカーが自ら発見し，クライエントに問題状況を認識してもらうことから支援

図5-1　ソーシャルワークの展開過程

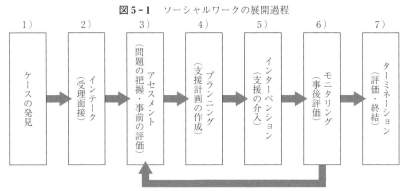

出所：倉石哲也・伊藤嘉余子監修，倉石哲也・鶴宏史編著『保育ソーシャルワーク』ミネルヴァ書房，2019年，127頁の図を基に筆者作成。

を開始する場合がある。この作業をアウトリーチという。

2）インテーク（受理面接）

　インテークとは，クライエントとソーシャルワークとの支援過程のなかの最初の面接のことをいう。この初回面接のことをインテーク面接ともいう。初回の面接なので，信頼関係が未成熟である可能性が高いことから，インテーク面接においてはワーカーには柔らかくクライエントとかかわることが求められる。また，この段階で得られた情報は，今後の支援の展開の内容や質を方向づける大切な段階となる。それゆえ，ここでの判断は慎重に行うことが期待される。

3）アセスメント（問題の把握・事前の評価）

　アセスメントとは，クライエントの抱える問題の詳細な把握及び理解する段階のことを意味する。この段階では，クライエントの性格や特性，クライエントの人間関係や環境の性質や特徴について，あるいは問題の原因，問題の推移，問題の全容の確認，今後予想される事態などを評価し，査定を行う。

4）プランニング（支援計画の作成）

　プランニングとは，ソーシャルワーカーとクライエントが共に到達する，

したいと願う目標を立て，介入対象について詳細に意見交換を行い，合意する。また，介入から終結に至るまでの支援計画を具体的に立案する。加えて，ソーシャルワーカーとクライエントが支援契約を結ぶ。この契約の段階を経るなかで重要なことは，クライエントの支援計画への参加と，知る権利が十分に保証されていることをクライエントとワーカーが合意することである。

5）インターベンション（支援の介入）

この段階では実際に問題を解決するために介入する。ソーシャルワーカーがクライエントに対して支援計画に基づいて直接働きかけ（介入），問題解決を図る方法を直接援助という。そして，クライエントが問題に巻き込まれている環境的要因を支援計画に基づいて改善を図ることを間接援助という。

6）モニタリング（事後評価）

モニタリングとは，ソーシャルワーク技術を用い，問題の解決，目標達成等を遂行するなかでの支援の効果や進み具合，監視，あるいは評価のことをいう。そして，再度，アセスメントを行う必要性を感じた場合は再アセスメントを行い，再度介入する。つまり，この段階でソーシャルワーカーが問題解決の課題の遂行が成功したと（介入の）効果が認められる場合は次の段階の評価・終結へと向かうことになる。しかし，このモニタリングの段階で支援の効果が認知されない場合は，再度アセスメントを行い，問題状況の解決を目指して再度介入し，目標の達成のために尽力する。

7）ターミネーション（評価・終結）

ターミネーションとは，ソーシャルワーカーが最終的な介入の評価を行い，クライエントとともにこれまでの経過を振り返り，クライエントが抱える問題の解決が図られ，クライエントとともに目標達成ができたとワーカーが判断できた場合に，残された問題の確認とその解決方法についての検討を行い，一連のソーシャルワーク実践は終了する。

―― コラム10　ソーシャルワーク実践と展開過程 ――

　ソーシャルワーク実践において展開過程は重要な意味を持つ。しかし，すべての相談が展開過程通りに進む訳ではない。地域の児童に関する相談を受ける事前予約の段階で保護者の方に相談概要をお聞きする際に，ソーシャルワーカーが児童や家族の抱える問題を整理する作業を行うだけで相談を終えるケースも比較的多いし，相談希望される事前の聞き取りの段階で医療相談の方がふさわしいと思われるケースも多い。そのような相談希望ケースと出会った時には，近隣の医療機関を紹介し，ソーシャルワーカーはつなぐ役割を果たす。

　また，展開過程5）（図5-1）のインターベンション（支援の介入）までソーシャルワークの実践を丁寧に行ったとしても常にほどよい結果がもたらされる訳ではない。これらの事態に陥った際には，今一度，3）アセスメント（問題の把握・事前の評価）からソーシャルワーク実践をやり直すこともある。

（3）ソーシャルワークの原則

　ソーシャルワーク実践を行う際には，最低限理解しておかなければならない事項としては「展開過程」の他にもう一つ欠かせないものがある。それはソーシャルワーク原則である。

　ここでは「バイステックの7原則」を紹介する。ソーシャルワークのなかで，ワーカーが理解しておかなければならない原則として，代表的なものにバイステック（Biestek, F. P.）の7原則がある。

　表5-2は援助者と利用者との援助関係で最も基本的な要素を示したものである。

　バイステックの7原則は，対人援助の基本と言われている。したがって，保育士ばかりではなく，社会福祉士や精神保健福祉士，介護福祉士の分野でも活用される。この7原則は人と人との信頼関係を構築する基礎であり，様々な国家試験でもたびたび出題されている。保育士は，乳幼児や児童に対する保育と保護者や地域住民の相談を主な業務としている。それゆえ，人間同士の信頼関係を基に，保育（ケア）とソーシャルワークを日常的に行う。しかし，ソーシャルワーカーが業務を遂行するために保護者や地域住民と関

表5-2 バイステックの7原則

①個別化（利用者個々を個人としてとらえる）
②意図的な感情の表出（利用者の感情表現を尊重する）
③統御された情緒関与（援助者は自分の感情を自覚し吟味する）
④受容（利用者の苦悩や揺らぎ等を受け止める）
⑤非審判的態度（援助者の価値観で判断してはならない）
⑥利用者の自己決定（最終的に決定するのは利用者自身である）
⑦秘密保持（業務上知り得た情報の秘密は絶対に守る）

出所：F. P. バイステック／尾崎新・福田俊子・原田和幸訳『ケースワークの原則――援助関係を形成する技法　新訳改訂版』誠信書房，2006年を基に筆者作成。

わる中で，意思疎通がうまくできなかったり，問題を解決・緩和したりするプロセスの中で行き詰まってしまうことは日常茶飯事である。そのようなときに，ソーシャルワーカーである保育士が自分とクライエントとの関係や展開過程をスムーズに進めていくために役に立つのがバイステックの7原則である。この7原則は保育士がソーシャルワーク実践を行う際に自分と向き合う手本にすることもできるので極めて有効である。「クライエントとの関係がぎくしゃくしているな」あるいは「なかなかクライエントが自分の課題と向き合ってくれないな」等，ソーシャルワーカーが支援作業を行う中で行き詰まっている時に，今一度バイステックの7原則と対峙するのも一案である。

--- 事後学習 ---

① 相談事例を活用しながら展開過程の実際を理解しよう。
② クライエントの立場から考えてバイステックの7原則の意味について考えよう。

重要語句

・インクルーシブ保育

　子どもの年齢や国籍，障害の有無にかかわらず，すべての子どもが個々に必要な支援を受けながら同じ場で受けられる保育のことをいう。

・NPO 法人

特定非営利法人の略称である。1998年（平成10）年12月に施行された日本の特定非営利活動促進法に基づいて特定非営利活動を行うことを主たる目的とし，同法の定めるところにより設立された法人である。

・セツルメント活動

スラム街などにボランティアが居住し，日常生活を通じて住民に働きかけ，その生活の改善を図る社会活動

・保育ソーシャルワーク

保育現場における保護者・子どもにソーシャルワークの技法を用いた関わりをすること。

注

⑴　保育士の専門性については，内閣府・文部科学省・厚生労働省「幼保連携型認定こども園教育・保育要領，幼稚園教育要領，保育所保育指針，中央説明会資料（保育所関係資料）」2017年7月。

⑵　一般社団法人全国児童発達支援協議会監修，宮田広善編集，山根紀代子・酒井康年・岸良至『新版　障害者通所支援ハンドブック　児童発達支援　保育所等訪問支援　放課後等訪問支援　放課後等訪問支援　放課後等デイサービス』エンパワメント研究所，2020年。

参考文献

倉石哲也・伊藤嘉余子監修，倉石哲也・鶴宏史編著『保育ソーシャルワーク』ミネルヴァ書房，2019年。

社会福祉士養成講座編集委員会編『相談援助の基盤と専門職』中央法規出版，2020年。

ジャーメイン，カレルほか／小島蓉子編訳・著『エコロジカルソーシャルワーク——カレル・ジャーメイン名論文集』学苑社，1992年。

高野史郎『イギリス近代社会事業の形成過程——ロンドン慈善組織協会の活動を中心として』勁草書房，1985年。

バートレット，H. M.／小松源助訳『社会福祉実践の共通基盤』ミネルヴァ書房，2009年。

レヴィ，チャールズ・S／ブルガルト・ウェクハウス訳『社会福祉の倫理』勁草書房，1999年。

第6章　社会福祉における利用者の保護

本章の概要と到達目標

（1）概　　要

　日本の社会福祉利用者は過去「措置制度の対象者」として社会的弱者としての
存在であった。2000（平成12）年の社会福祉基礎構造改革を受けて，これが，社
会福祉を利用する普遍的な「契約制度の利用者」へとパラダイム転換が図られた。
これに伴い，社会福祉における利用者は主体者として権利が優先保護される存在
となった。このことを契機に，日本の社会福祉における利用者の保護の視点が生
まれたのである。

　本章では，そうした権利性が優先される社会福祉の利用者の保護について，そ
の背景や自己決定の視点から学び，保育士として求められる見識を深化するもの
である。

（2）到達目標

　①　社会福祉基礎構造改革とはどのようなものだったかを理解する。

　②　自己決定はなぜ必要なのか理解する。

　③　利用者の保護の制度を理解する。

　④　苦情解決の意義と仕組みを理解する。

1　社会福祉における利用者の保護

── 事前学習 ──

　①　社会福祉基礎構造改革について調べておく。

　②　社会福祉基礎構造改革後の新たな仕組みについて調べておく。

　③　利用者の保護の意義について調べておく。

（1）利用者の保護とは

　保護者の保護が福祉に求められるようになったが，具体的に保護とはいか
なるものであろうか。『広辞苑』では，「保護」は気を付けて守ることとされ
る。社会福祉において誰に気を付けて守るのか。それは，当然利用者となる。
しかし，その利用者を，保護の客体として位置づけるのか，権利性を担保さ

れた主体者とするのかで，大きく対応が相違してくる。

　社会福祉基礎構造改革以降の社会福祉における利用者の保護とは，行政が主導する措置制度における狭義の客体としての保護ではない。あくまで，権利性を担保された主体としての利用者の保護であることを確認しておきたい。

　日本の社会福祉利用者は2000（平成12）年に社会福祉基礎構造改革を受けて，今までは社会的弱者として措置制度の対象化された存在から，社会全体が社会福祉を利用する普遍的な契約制度における主体としての利用者へとパラダイム転換が図られたのである。つまり，社会福祉基礎構造改革を経て，社会福祉サービスの利用方式が，2000（平成12）年以前の行政による措置制度から，契約制度による利用制度に変更になったのである。行政主導による措置制度の時代においては，社会福祉の利用者は国を初めとする公的機関の保護の対象者として，反射的利益の受益者と限定された権利性や対等性を有しているだけで，契約関係に基づく損害賠償の請求権も制限されていた。また，福祉の利用者は，権利性も担保されずサービス提供事業者との権利義務関係も不明確であったのである。

　しかし，社会福祉基礎構造改革によってサービス提供事業者とその利用の関係が契約関係となり，契約上の権利義務が明確にされ，福祉の対象者としての存在から，福祉サービスを利用する主体者として変容したのである。特に，誰もが福祉サービス利用に，その利用料金の一部負担や介護保険料等を負担をする福祉サービス利用の「対価」の感覚が生じ，福祉利用の権利性を主張する根拠となったのである。この契約関係の制度変更は，帰結として福祉サービスの利用者としての選択権や情報開示，説明責任等の権利が主張されるようになったのである。

　社会福祉における利用者の保護とは，福祉サービスの利用者とサービス提供事業者との関係が契約関係となり，社会福祉サービス利用者の権利性が優先される対象者となったことにより，利用者は権利性が主張される主体者であると同時に権利性に基づく保護されるべき主体者になったことを意味する

のである。

　その社会福祉の場にあるのは，対象者としての利用者ではなく主体者としての利用者なのである。従って，社会福祉における利用者の保護とは，契約関係における主体者としての自己になるべく，権利性を保証した保護を意味するのである。行政処分に基づく措置制度における保護と，権利性に基づく契約制度における保護は，そのベクトルの志向に違いがあり，利用者に与える保護ではなく，利用者が権利として得るべき保護なのである。

（2）社会福祉基礎構造改革

　では，福祉制度を大きく変えるきっかけとなった社会福祉基礎構造改革とは，どのようなものであろうか。

　1990年代に入り日本の急激な少子・高齢化を受けて，福祉制度全般の見直しに端を発し，1998（平成10）年の「社会福祉基礎構造改革について（中間まとめ）」を受けて2000（平成12）年に社会福祉法の改正がされ，種々の制度も変更された。特に，日本の高齢化問題に対応すべく，介護保険制度の導入に伴って，措置制度から契約制度の大転換がなされたのである。その後，障害者等制度も変更されていった。

　その中身とはいかなるものだったのか。その中間のまとめから確認すると，要点は，1）改革の必要性，2）改革の理念，3）改革の具体的内容の3項目で構成されている。

　1）改革の必要性について，①改革を取り巻く状況を，社会福祉の改革をすべき理由として，日本の社会福祉を取り巻く状況は，少子・高齢化，家族機能の変化にともなう社会福祉に対する国民意識が変化し，国民全体を対象として，国民全体の生活の安定を支える社会福祉制度への期待があった。②社会福祉制度について，現行の社会福祉の基本的枠組みは，終戦直後の生活困窮者対策を前提としたものであり，今日まで50年間維持されてきた。しかし，少子・高齢化の進展した時代において，社会福祉制度が現状のままでは

増大，多様化する社会福需要に十分に対応していくのは困難であり，新たな社会福祉の枠組み（児童福祉の改正，介護保険の制定等が実施）構築が求められた。改革の基本的方向性として，①サービスの利用者と提供者の対等な関係の確立，②個人の多様な需要への地域での総合的な支援，③幅広い需要に応える多様な主体の参入促進，④信頼と納得が得られるサービスの質と効率性の確保，⑤情報公開等による事業運営の透明性の確保，⑥増大する費用の公平かつ公正な負担，⑦住民の積極的な参加による福祉の文化の創造を上げている。

　2）社会福祉の改革の理念として，①国民が自らの生活を自らの責任で営むことが基本，②自らの努力だけでは自立した生活を維持できない場合に社会連帯の考え方に立った支援を掲げた。そして，③個人が人として尊厳をもって，家庭や地域の中で，その人らしい自立した生活が送れるように支えることを理念とした。

　3）改革の具体的な内容として，①社会福祉事業の推進，②質と効率性の確保，③地域福祉の確立が示された。①の社会福祉事業の推進には，権利擁護のための相談援助事業，障害者の情報伝達を支援するための事業などを新たに追加された。また，社会福祉法人に外部監査の導入や情報開示による適正な事業運営の確保が示された。サービスの利用については，行政処分である措置制度から個人が自ら選択し，その提供者との契約により利用する制度への転換を基本が示された。

　さらに，サービス内容に応じた利用者に着目した公的助成の導入，利用者にとって利便性の高い利用手続き及び支払方法の導入，契約による利用が困難な理由があるものの特性に応じた制度の導入が検討された。権利擁護については，成年後見制度とあわせ，社会福祉分野において，各種サービスの適正な利用の援助をするなどの権利擁護の制度を導入強化が示された。

　②質と効率性の確保については，サービスの質を，サービス提供過程，評価などの基準を設け専門的な第三者機関によるサービス評価の導入を図る。

効率性については，人材養成確保を示した。③地域福祉の確立については，地域福祉計画，福祉事務所等行政実施体制，社会福祉協議会，共同募金に関してその内容が示された。

　以上まとめると，日本の社会福祉制度は，少子・高齢化の進行に伴い，その前提とした行政指導による措置制度から，社会福祉の利用者が主体となる契約関係を介在する市場原理を導入したのであった。以前の社会福祉制度であったならば，質と効率性の確保などの理念が強調されることはなかった。日本の福祉に，今までにない競争の原理を導入して，質と効率性の確保を目指したのであった。

　行政指導による福祉から契約制度の福祉の転換は，利用者とサービス提供事業者との対等性の確保による利用者の権利性の向上，自己決定と選択性の保障を図ることを意味し，そのことが期待されたのである。それは，社会福祉の利用者が主体者となる制度変更でもあるが，社会福祉の利用者にとっては，自己責任が求められる制度変更でもあった。

　社会福祉基礎構造改革は以上のように日本の福祉制度を大きく転換するものとなった。今日の日本の福祉制度や仕組みを見れば，社会福祉基礎構造改革案が基礎として，今日の日本の社会福祉制度は具現化したものである。

（3）新たな制度・仕組み

　社会福祉構造改革を受けて，契約に伴う権利性の向上，自己決定と選択性を担保すべく種々の法制度が新たに施行され，変更された。

　その象徴的な変更が，高齢者の介護を社会全体で支え合う仕組みである介護保険制度導入である。介護保険制度は1997（平成9）年に介護保険法として成立し，2000（平成12）年に施行された。介護保険法の基本的な考え方は，単に介護を要する高齢者の身の回りの世話をするということを超えて，高齢者の自立を支援することを理念とする自立支援（利用者の選択により，保健医療サービス・福祉サービス）を総合的に受けられる制度である利用者本位。給

付と負担の関係が明確な社会保険方式を採用した社会保険方式を取り入れた。

　つまり，高齢化問題を社会全体で対応するとの理念のもとに，国民全体が保険制度に加入することにより社会全体で負担を負い，その恩恵を社会全体で享受するという福祉サービスの普遍化，介護問題の社会化に方向転換したのである。そこに，サービス受給者である社会福祉の利用者が契約制度に参加することで，制度変更が完成したのである。

　また障害者への福祉サービスも制度が行われた。介護保険制度導入に伴い，措置制度から契約制度へと転換した流れを受け，2003（平成15）年に「支援費制度」が導入された。「障害者の選択の尊重」をキーワードに，行政がサービスの利用先や内容を決めていた「措置」から，障害のある本人の意思に基づいたサービスが利用できるようになった。今まで，利用者は行政が定めたサービスしか受け取ることができなかった。この支援費制度の導入に，自ら希望する社会福祉施設入所や短期利用の施設を選んだり，自分に合ったサービスを選べるようになったのである。

　2006（平成18）年には，「支援費制度」への導入に伴う，サービス利用の増加，障害種別のサービス格差の課題を図るべく「障害者自立支援法」が成立した。「障害者自立支援法」では，福祉サービスにおける障害者の位置づけは，それまでは，身体障害，知的障害，精神障害，障害児等障害の種別によって提供されるサービスが分かれていた。それが，「障害者自立支援法」の成立により，障害の種類や年齢にかかわらず，障害のある人たちが必要とするサービスを利用できるように，施設・事業を再編し利用のしくみが一元化された。これまでは，障害のある人を対象として提供されていたサービスの多くが障害者自立支援法という共通の制度のもとで一元的に提供されることとなったのである。合わせて，支給決定の透明化，明確化を図るべく「障害程度区分」（現・障害支援区分）の導入。サービス料に応じた利用負担制度などが導入された。さらに，実施主体を市町村に一元化して，国と地方の費用負担のルール化を図り必要なサービスを計画的に充実する。そして，障害者

の就労支援を雇用政策との連携強化などが規定された。その後，この「障害者自立支援法」の内容，特に利用負担（応益負担）の問題から，2013（平成25）年には「障害者自立支援法」が改正されて「障害者総合支援法」（正式には「障害者の日常生活及び社会生活を総合的に支援するための法律」）が公布された。

「障害者総合支援法」は，障害がある人へのさまざまな支援を定め，障害者の個々のニーズに応じて，サービスの利用ができる仕組みが明記されている法律である。「障害者総合支援法」は，障害者福祉の大きな変化の契機となったのである。「障害者総合支援法」第1条の2は，以下のように基本理念を規定している。

> 「障害者及び障害児が日常生活又は社会生活を営むための支援は，全ての国民が，障害の有無にかかわらず，等しく基本的人権を享有するかけがえのない個人として尊重されるものであるとの理念にのっとり，全ての国民が，障害の有無によって分け隔てられることなく，相互に人格と個性を尊重し合いながら共生する社会を実現するため，全ての障害者及び障害児が可能な限りその身近な場所において必要な日常生活又は社会生活を営むための支援を受けられることにより社会参加の機会が確保されること及びどこで誰と生活するかについての選択の機会が確保され，地域社会において他の人々と共生することを妨げられないこと並びに障害者及び障害児にとって日常生活又は社会生活を営む上で障壁となるような社会における事物，制度，慣行，観念その他一切のものの除去に資することを旨として，総合的かつ計画的に行わなければならない」

2018（平成30）年の改正「障害者総合支援法」では，第4条において「障害者」を18歳以上の身体障害者・知的障害者・精神障害者・難病のある人と定義し，障害のある人は，必要なサービスが受けられることとなった。「障害者総合支援法」では，福祉サービスは自立支援給付と地域生活支援事業の

２つが受けられる。「自立支援給付」は，障害のある人が在宅や通所，入所で種々のサービスを利用した際に，行政が一部費用負担し，利用者へ個別に給付される。さらに，具体的な障害福祉サービスを介護給付と訓練等給付に分けている。「地域生活支援事業」は，障害のある人が住み慣れた地域で生活できるよう市町村が中心となって行う事業である。

　介護保険制度や障害者総合支援法を見れば，社会基礎構造改革の理念を具現化した新たな制度の仕組みであったことが確認できる。

（4）措置制度と社会的養護

　社会福祉基礎構造改革に基づく契約制度の導入は，すべての福祉対象者に適用されたわけではない。一部，特に保育所，母子生活支援施設，助産施設を除く社会的養護の対象者（乳児院・児童養護施設・児童自立支援施設・児童心理治療施設等）には，今までの行政指導による措置制度が残った。これは，要保護児童の問題は直接契約制度になじまないとの理由により除外された経緯があったのである。

　児童福祉法第２条第１項は，「全て国民は，児童が良好な環境において生まれ，かつ，社会のあらゆる分野において，児童の年齢及び発達の程度に応じて，その意見が尊重され，その最善の利益が優先して考慮され，心身ともに健やかに育成されるよう努めなければならない」，第２項では「児童の保護者は，児童を心身ともに健やかに育成することについて第一義的責任を負う」と規定した。そして，第３項では「国及び地方公共団体は，児童の保護者とともに，児童を心身ともに健やかに育成する責任を負う」と明記されている。さらに児童福祉法第３条は，「前２条に規定するところは，児童の福祉を保障するための原理であり，この原理は，すべて児童に関する法令の施行にあたつて，常に尊重されなければならない」と規定している。これらの規定を見れば，虐待や貧困等による児童問題解決の国等の第一義的責任が優先されていることが理解できる。しかし，契約制度は自らの意思に基づく福

祉制度への参加を利用契約の前提としている。この点では，児童問題の対象者は制度の利用を積極的利用とする意思や意欲が乏しく，自らの解決が難しい。ここに公的介入により保護・救済が期待されるのである。児童の心身ともに健やかに育成する責任は公的責任なのである。児童問題の解決は，待っていたのでは解決できない。児童問題を抱えたその対象者である子どもたちに，措置制度が適応される理由がここにあるのである。

　しかし，18歳未満の障害児の場合も同じ児童福祉の対象であるが，「障害者自立支援法」の成立に伴い児童福祉法も改正され，障害児施設利用においては，措置制度から契約制度へと利用契約制度が導入された。ただし，児童虐待などある場合には，措置制度入所があることになる。この点，障害児の場合は未成年でありながら「措置入所」と「契約利用」が混在することになった。施設利用が，措置による入所か契約による入所かの判断，具体的には利用に係る費用負担がほぼ全額公費負担になるのか自己負担になるかの判断は，児童相談所所長の判断に委ねられており，この点では法の下の平等からは課題もあるといえる。

事後学習

① 措置制度と契約制度の違いを整理しよう。
② 社会的養護における措置制度の意義を考えよう。

2　契約関係と利用者

事前学習

① 自己決定について調べておく。
② 自己決定を支える法制度を調べておく。

（1）社会福祉における損害賠償請求権

　社会福祉基礎構造改革後に大きく変わった一つに，利用者に損害賠償請求権が生まれたことである。福祉制度が契約制度を基軸とする転換は，福祉現場にさまざま変容を要求するものとなった。社会福祉の利用者は，措置制度の時代なら，社会的弱者としての保護の対象であり，主体者として救済制度に訴えて権利の利益の実現を求めることができなかった。つまり，いわゆる「社会福祉利用者」は権利によって利益を得るのではなく，行政の処分の結果として生まれた間接的な反射的利益しか享受できなかった。それが，サービス提供事業者と利用者の関係が，契約制度に移行したことにより権利義務関係が生まれ，サービス利用の債権者として，利用者に損害賠償請求権が生まれたことが大きな点である。特に，サービス提供事業者の事故対応に大きな変化がもたらされた。措置制度の時代ならば，福祉利用の際に事故にあったら，国家賠償法による救済がその大きな手立てであった。

　しかし，社会福祉基礎構造改革後は，社会福祉に民法上の契約制度が導入されたことにより，福祉サービスを利用する際は，民法上の契約が結ばれるようになったのである。このことは，サービス利用中の事故を例にとると，サービス提供事業者は，「債務者がその債務の本旨に従った履行をしないとき又は債務の履行が不能であるときは，債権者は，これによって生じた損害の賠償を請求することができる。ただし，その債務の不履行が契約その他の債務の発生原因及び取引上の社会通念に照らして債務者の責めに帰することができない事由によるものであるときは，この限りでない」（民法第415条）に基づき債務不履行による損害賠償の義務を負うことになったのである。損害賠償請求権は，民法第415条に規定されている債務者がその債務の本旨に従った履行をしない時と，規定されているが，ここに，福祉施設における事故や怪我に対して，利用者の安全配慮義務を負うことが求められるのである。

　サービス提供事業者における安全配慮義務は，従業員に対しては労働契約，利用者に対しては福祉サービスの利用契約における債務不履行責任を負うこ

とになった。民法上の民法第709条の不法行為責任や安全配慮義務違反による債務不履行に対して損害賠償責任を請求されるということは，契約制度により利用者にその権利が生まれたということに他ならない。措置制度の時代であれば，反射的利益から債務不履行を問うことはできなかった。

　しかし契約関係においては，サービス事業提供者は，契約上の債務である安全配慮義務が求められるのである。このことは，サービス提供事業者と利用者の関係性が対等になったことの具体的な事実でもある。その結果，サービス提供事業者は事故等に関して債務不履行責任への対応が求められるのである。ここに，サービス提供事業者は，安全配慮義務違反の債務不履行責任を問われないように，危機管理・リスクマネジメントの視点が近年強く求められているゆえんになったのである。

　ただ，利用者の自己決定は人生や生きていく上で意欲とも関係する。自己決定には失敗する可能性もつきまとう。こうした失敗がサービス提供事業者にとっては「リスク」になる危険や可能性がある。こうした「リスク」への対応がサービス提供事業者を委縮させ，支援を縮小させる可能性にもなるのである。

　「契約制度」は債券・債務関係でもある。サービス提供事業者は，常に事故や安全配慮義務違反等の民法第415条の債務不履行が問われる。債務者であるサービス提供事業者は債権者であるサービス利用者に債務の履行が求められるが，民法第415条では債務の本旨の履行を怠ったとき又は債務の履行が不能であるときは，損害賠償を請求することができると規定している。しかし，サービス提供事業所に債務の具体的な内容を規定していないのも現実である。その点では，サービス提供事業者が，結果的に何もしないことが最大のリスク回避にもなりかねず，契約の主体者である，利用者の自己決定権を保証すべく，利用者にいかに良質なサービスを提供するかの意志と意欲が改めて大切なこととなる。

─── コラム11　障害者施設と契約制度 ───

　障害者福祉制度は，2000（平成12）年の介護保険制度導入後の，2003（平成15）年の「支援費制度」の導入により，措置制度から契約制度に大きく転換した。支援費制度は新たな契約制度であるが，その利用負担は負担能力に基づく応能負担であった。

　しかし，その後，支援費制度がサービス利用者数の増大や財源問題から，2005（平成17）年に「障害者自立支援制度」が公布された。契約制度に基づくその負担は，サービス量に応じた定率の応益負担となった。

　だが，契約上の負担が課題となり，2012（平成24）年から，新たに「障害者の日常生活及び社会生活を総合的に支援するための法律（障害者総合支援法）」となり，再度利用量に応じた 1 割負担を上限として定率負担（応益負担）から負担能力に応じた応能負担となった。

　障害者福祉制度は，2003年以降に大きく 3 回の制度変更があった。これらはいずれも障害者の自己決定に基づく制度であり，今後もその充実が期待される。しかし，契約制度はその背景に利用料負担の問題を大きく含む自己責任の制度でもある。それは，一面，自己決定は自己負担能力のある利用者に機能する可能性の危険もはらんでいるのである。

（2）　自己決定の意義

　措置制度の時代には利用者はサービス提供事業者に従属的関係であって，自らの権利性を主張できなかった。しかし，社会福祉基礎構造改革以降，利用者とサービス提供事業者との関係が対等な関係性へと変容したのである。その対等性を担保すべく，利用者の自己決定や選択性が尊重されるようになったのである。障害者福祉に限って言えば，自己決定や選択性の先にある自立を支援に連関する概念ともなるのである。この自己決定や自己選択は主体者としての象徴であり，新たな福祉制度のキーワードともいえるものである。

　この自己決定は，サービス提供事業者と利用者の対等性のみならず，利用者とサービス提供事業所職員との関係性に拡大していくことも意味する。それは，利用者一人ひとりがもつ可能性を信じ，その能力を引き出す力を獲得

するエンパワメントの思想と実践でもある。自己決定の尊重は，権利性が
サービス提供事業者主体から利用者主体に転換されたことを意味する象徴な
のである。

　国際ソーシャルワーカー連盟の「ソーシャルワークにおける倫理——原理
に関する声明」では，原理として人権と人間の尊重を掲げている。そして，
自己決定権の尊重をうたい，「ソーシャルワーカーは自分で選択し決定する
人々の権利を尊重しなければならない。それは彼らの価値観・生活上の選択
がいかなるものであれ，他者の権利や利益を侵害しない限りにおいてはであ
る」としている。このことからも，利用者の自己決定は自己存在の確認行為
なのである。

1）自己決定とは

　自己決定とは，「自分のことは自分で決める」ということである。この中
には，2つの側面がある。一つは，「自分自身に関すること」という私的側
面である，生きることを含めた日常生活を自分で決めるということである。
つぎに，私的な「自分のこと」について他者や組織に命令されることはでき
ない，ということである。⁽¹⁾このことは，自己が基本である。そこでの一人ひ
とりの意思が日々の生活や人生を左右していることを意味している。

　そして，利用者の自己決定が認められるには，その自己実現がなければな
らない。利用者の人生や生き方における自己実現の保障がなによりも緊要な
のである。自己決定が制限されることは，その自己実現が達成できないとい
うことである。

　バート・コロピー⁽²⁾は，自己決定と自立を実践上の同義語として，強制や規
制と干渉からの自由をいう。つまり，虚弱であったり，障害があったり，衰
弱して死にかけているときでさえ，自分の意思によって自分の生活のありよ
うを決定するという理念である。しかし，このような自己決定は，たちまち
他の人々が遵守していている共同体のルールや決定と衝突する。個人という
主体は，おおぜいの援助者や協力者，あるいは支配者とともに生活している

からだ。したがって，自立の問題を考えていくと，個人の権利の実現と同時に，自立を支持あるいは抑制している他者の存在を考えざるを得なくなるという。

　自己決定は，自己実現や自立を目指す概念なのである。そして，自分のことは自分で決めるという自己決定が尊重，成立するためには，自己決定ができる他者の存在や制度が基盤となる。

　自己決定はなぜ尊重されなければならないだろうか。それは，自己の利益は，自己こそ最善の判断者だからなのである。自分のことは，自分が一番知っているのである。

　自己決定は，基本的人権に付随するものであり，本来，自己決定権として基本的人権が認められなければ，個別的な自己決定も生まれてこない。特に，障害者や認知症高齢者の場合，第三者による最善の利益とのパターナリズムに基づく決定がなされることが多い。障害者や認知症高齢者においては，自己決定とは自らが主体となって，問題を決定できることなのである。

　この点では，障害者や認知症高齢者において真のその意思や意向を他者である第三者がどのように汲むか，その代行決定をどのように保障，確保するのかが大きな課題である。

2）自己決定の根拠法

　自己決定を権利性の根拠とする具体的な法規定は，日本国憲法第13条の，「すべて国民は，個人として尊重される。生命，自由及び幸福追求に対する国民の権利については，公共の福祉に反しない限り，立法その他の国政の上で，最大限の尊重を必要とする」と，個人の尊厳及び幸福追求権を保障しているこの日本国憲法を根拠とする権利が自己決定である。

　しかし，この権利と自由の包括的根拠は，人間らしく生きるための最低限の生活を保障する権利を定めた日本国憲法第25条や，すべての国民の法の下の平等を保障している，平等の政治過程を拘束する日本国憲法第14条の権利保障が根拠とされている。

障害者については，2006年，国連総会で採択された障害者権利条約（障害者の権利に関する条約）において，その一般原則第3条では，「固有の尊厳，個人の自律（自ら選択する自由を含む。）及び個人の自立の尊重」をうたっている。

　また，禁治産制度から成年後見制度の移行の際に，成年後見制度の理念の一番に自己決定の尊重がうたわれている。それ以外にも，国連人権規約や様々な国際準則があるが，自己決定は権利として保障されなければならない。そして，これらをどのように保障して確保，実現していくかが，社会福祉基礎構造改革後の課題でもあった。

事後学習

① 福祉における自己決定の意義を整理しよう。
② 障害者の自己決定はどのように保障していくべきか整理しよう。

3　利用者の保護のための制度

事前学習

① 利用者の保護のための制度について調べておく。
② 利用者の保護はどんな場面で必要になるか考えておく。

　社会福祉基礎構造改革の基本的方向性にもあるように，サービス提供事業者と利用者の対等な関係性を構築すべく，利用者の自己決定を促進する利用者保護制度として情報提供や第三者評価が規定されている。それは，情報提供や第三者評価は，自己決定や選択性の前提条件でもあり，この仕組みがきちんと構築できているかが何よりも求められるのである。

（1）情報提供

　社会福祉基礎構造改革で示された情報公開は，福祉利用者がきちんとサービスを受益できるように適切な情報が提供され，適切なサービスが受けられるように支援するための仕組みである。

　社会福祉法第75条では，「社会福祉事業の経営者は，福祉サービスを利用しようとする者が，適切かつ円滑にこれを利用することができるように，その経営する社会福祉事業に関し情報の提供を行うよう努めなければならない」と規定した。そして第2項には，「国及び地方公共団体は，福祉サービスを利用しようとする者が必要な情報を容易に得られるように，必要な措置を講ずるよう努めなければならない」と，サービス提供事業者に情報提供義務を規定するとともに，行政も必要な情報を入手可能とする措置を講ずる義務を規定している。

　さらに社会福祉法第76条では，「社会福祉事業の経営者は，その提供する福祉サービスの利用を希望する者からの申込みがあつた場合には，その者に対し，当該福祉サービスを利用するための契約の内容及びその履行に関する事項について説明するよう努めなければならない」と，利用契約の申込み時の説明義務を規定している。加えて，社会福祉法第77条では，利用契約の成立時の書面の交付の義務，社会福祉法第79条では，誇大広告の禁止を求めている。これらの情報提供に関わる規定は，日本国憲法第21条の国民の知る権利の反映でもあり，国民の知る権利が基本的人権として優先されることに基づくものである。

　知る権利について，社会福祉の利用者は，福祉サービスを受益する際に，支援内容，基準，利用手続き，費用負担，苦情処理などを詳しく知ることができる。そのため，サービス提供事業者は，利用者の権利及び責任に関して全ての規則について十分に知らせなければならない。施設の管理運営規則は文書にして，そして利用者に理解できる方法で説明しなければならない。

　また，サービス提供事業所における事故を想定すると，結果責任として償

務不履行義務違反が問われることも考えられる。そうした際の説明責任としての情報公開は必要なものとなる。この裏にあるのは，サービス提供事業者による情報提供に基づく説明責任が問われるからであり，サービス提供事業者の積極的な情報提供が求められる。そのことが，利用者の自己決定の前提であるからでもある。

（2）第三者評価

　社会福祉基礎構造改革の中で，利用者が福祉サービスを選択する際に，必要な情報が提供されるとともに，サービス内容をチェックすることが求められた。それが新たなサービスへ質の向上を図るために，サービスの質の評価が大切となったのである。

　社会福祉法第78条では，「社会福祉事業の経営者は，自らその提供する福祉サービスの質の評価を行うことその他の措置を講ずることにより，常に福祉サービスを受ける者の立場に立つて良質かつ適切な福祉サービスを提供するよう努めなければならない」「2　国は，社会福祉事業の経営者が行う福祉サービスの質の向上のための措置を援助するために，福祉サービスの質の公正かつ適切な評価の実施に資するための措置を講ずるよう努めなければならない」と，福祉サービスの質の向上義務をうたっている。そして，社会福祉法第80条では，「福祉サービス利用援助事業を行う者は，当該事業を行うに当たつては，利用者の意向を十分に尊重するとともに，利用者の立場に立つて公正かつ適切な方法により行わなければならない」と，利用者が適切なサービスが受けられるように，利用者の意向配慮義務を規定している。

　さらに，児童福祉施設の設備及び運営に関する基準第5条，児童福祉施設の一般原則2，3において，「児童福祉施設は，地域社会との交流及び連携を図り，児童の保護者及び地域社会に対し，当該児童福祉施設の運営の内容を適切に説明するよう努めなければならない」「2　児童福祉施設は，その運営の内容について，自ら評価を行い，その結果を公表するよう努めなけれ

ばならない」としている。そして第36条の2には，「保育所は，自らその行う法第39条に規定する業務の質の評価を行い，常にその改善を図らなければならない」「2　保育所は，定期的に外部の者による評価を受けて，それらの結果を公表し，常にその改善を図るよう努めなければならない」と，保育所の業務の質の評価を求めている。また，児童養護施設，乳児院，児童自立支援施設，児童心理治療施設，母子生活支援施設は，基準により3年毎に第三者評価の受審及びその結果の公表が義務づけられており，概ね3年毎に定期的に見直しを行うこととしている。

　これらの規定は，サービス事業提供者が，自らの提供するサービスの質について中立的な第三者機関による専門的かつ客観的な立場から評価をするとともに，良質かつ適切なサービス提供の法的義務を負っていることを意味する。

事後学習

① 利用者の保護の制度を整理しよう。
② 利用者の保護の意義を整理しよう。

4　利用者の権利擁護と苦情解決

事前学習

① 権利擁護について調べておく。
② 権利擁護を支える制度について調べておく。

　利用者の権利性が担保されるには，憲法をはじめ種々の国際人権規約や，国際準則の権利擁護の要請を受けた人権を確保する具体的な支援のあり方と，それを可能にする制度が求められる。

　たとえば，障害者権利条約（障害者の権利に関する条約）第12条の4におい

て，「法的能力の行使に関連する措置が，障害者の権利，意思及び選好を尊重すること」と，障害者に等しく認められる権利を規定している。これも，障害者の権利擁護の要請の根拠の一つとなっている。

その重要な機能に権利擁護に基づく成年後見制度や苦情解決などの仕組みなどがある。これらも，契約制度における自己決定や選択性を促進する前提であり機能なのである。

（1）権利擁護とは

権利擁護とは，利用者のエンパワメントに関わる一つの基本的な活動である。エンパワメントとは，自立して，自分らしく生きる力を高めること，およびそのプロセスであり，それは福祉・教育・医療などヒューマン・サービスにおける援助の目標概念であるとともに，過程概念である。

より厳密に定義すれば，個人（仲間・集団・コミュニティ）エンパワメントとは，①個人（仲間・集団・コミュニティ）が侵されている，諦めさせられている，奪われている主体性・目標・選択（肢）・権利・自律性・相互支援力・自治（力）を自覚し，明確にすると，②その心理的・組織的・社会的・経済的・法的・政治的阻害要因と対決して，問題を解決する力を高め，③さまざまな支援を活用する力を高めることを意味する[3]。つまり，サービス利用者である障害者や高齢者の権利性に強くアプローチする活動であるといえる。

北野誠一[4]は，自己決定が成立する3つの基本的条件を示している。第1の条件として，利用者本人が，侵害されている，あるいは諦めさせられている権利性を明確にするともに，その権利性の救済や権利形成・獲得をめざす問題意識があって機能すると指摘している。問題は誰が本人の権利に対する最大の利益を獲得し，反映しえるかである。いうまでもなく基本的には，本人の権利に対する最大の利益の理解・反映者は本人自身である。エンパワメントや権利擁護（アドボカシー）の一つひとつの大切な視点として，障害者や高齢者が自覚し，訴えている問題だけでなく，本人の内面に抑圧された思い

や問題をどのように引き出し，受け止めるかである。

　さらに，第1の基本的条件に，何らかの妨害や侵害に直面している本人の行為に，一定の権利性を主張しうる正当性が存在すること。権利擁護は，具体的なサービス利用者である障害者や高齢者の権利と，サービス事業提供者の権利との衝突であり，その場合には権利擁護者（アドボケイト）は，障害者や高齢者の立場に立って，その権利の正当性を支援することになる。

　そして，3つ目の基本的条件とは，本人（サービス利用等）の権利性に基づく訴えに対して，本人を権利擁護できるシステムが存在することであると言う。

　権利擁護とは，利用者のエンパワメントを目指した取り組みの活動であり，そのための権利擁護のシステムが存在することが前提であり，そうした取り組みに意義を見出すことができるのである。

（2）権利擁護を支える制度

1）自己決定の尊重

　権利擁護のシステムには，従来の禁治産制度から，社会福祉基礎構造改革後に取り入れられた成年後見制度がある。この成年後見制度は，社会福祉基礎構造改革の論議と並行して，心神喪失者の常況にある人を保護するために家庭裁判所が禁治産の宣告をして，本人に後見人をつける禁治産制度の見直しとして始まり，2000（平成12）年に民法の改正の形で介護保険制度と同時にスタートした。

　成年後見制度を必要とした経緯は，禁治産制度が禁治産者であると宣告を受けると，禁治産者であることが戸籍に載るなど，その利用に抵抗や利用しにくさがあった。

　そこで，日本の急速な高齢化に支援，対応すべき人が増し，いままでの財産管理だけでなく，1つ目として「成年後見人は，成年被後見人の生活，療養看護及び財産の管理に関する事務を行うに当たっては，成年被後見人の意

137

思を尊重し，かつ，その心身の状態及び生活の状況に配慮しなければならない」（民法第858条）と，成年被後見人の意思の尊重及び身上の配慮，いわゆる身上配慮義務が求められるようになった。2つ目は，高齢化社会において，契約行為に判断能力が不十分な人が増え，その対応が求められていたのである。

　成年後見制度は，自己決定の尊重，ノーマライゼーション，残存能力の活用を理念に依拠した。その中で，従来の類型に「補助」類型が新たに追記，明記され，これが自己決定の理念に合致すると特に福祉関係者に期待されたのである。

　自己決定の前提となる自己決定能力に課題のある障害者や認知症高齢者の場合に，自己決定の代理による保護も権利擁護の重要な役割となっている。福祉制度における契約制度を進めるに際して，その福祉サービスの内容や質を判断することやサービス事業提供者との平等性を確保するために，成年後見制度は有効な機能となる。

　しかし，真の成年後見制度とするには，利用者の単なる財産管理の代理人としてではなく，利用者の自己決定の支援としての役割が期待される。それは，自己決定が単に自分で物事を決定する能力だけではない。自分では実行できないことを決定し，他人の行動や決定行為に影響を与えることにつながるからである。

　今までは，障害者は自立する主体としてではなく，保護の対象であったが，障害者の自立がクローズアップされ，経済的自立のみを自立とする概念からアンチテーゼとして精神的な意味の自立概念が提起された。その自立の前提となる自己決定を制度としてどのように担保するのかが求められたのである。

　2）成年後見制度

　成年後見制度は，重要な権利擁護の機能であり，判断能力が低下して利用者の意思確認ができなくなるなど，判断の力の不十分な成年者を保護するための制度である。そして，判断能力の不十分さの程度に応じて，後見・保

佐・補助の類型が設けられた。

　その中で，民法第7条では，精神上の障害により事理を弁識する能力を欠く常況にある者についての後見開始の審判を規定している。このように後見類型における判断能力の程度とは，精神上の障害により事理を弁識する能力を欠く常況にある者であり，保佐類型では民法第11条，事理を弁識する能力が著しく不十分なる者，補助類型では，民法第15条，事理を弁識する能力が不十分な者と規定している。

　従って，判断能力の違いによる被後見人や被保佐人，被補助人は，すべての行為を後見人に委ねる後見と一部の行為を保助人や補助人に委ねることの違いがある。障害の程度や認知症の程度が重ければ，当然すべての行為を委ねる後見人が選任されることになる。

　具体的に後見人についてみると，主なる後見内容は被後見人の財産管理と身上監護となるが，利用者の判断能力が不十分な場合には，選任された後見人が，サービス提供事業者とサービス利用の契約を結んだり，利用料を払ったり，被後見人の財産管理を行ったりすることが想定される。

　ただ，利用者の判断能力を具体的に規定するのは難しく，自己決定の視点から考えると誰がその判断能力を判断するか課題でもある。利用者の判断能力によっては，自己決定の範囲が制限を受けることになる。客観的に判断能力を確認するのは難しい。

　この点では，具体的な情報の理解及び判断，決定の一連の過程が理解できるかが基準となるであろう。何よりも大切なのは，利用者の判断能力の判断も難しいだけでなく，判断能力の不十分な利用者の意思や気持ち，いわゆる利用者の自己決定を，後見人，保佐人，補助人がどのよう理解，尊重するかである。

　なお，成年後見制度には，以上のような法的後見制度と，利用者の判断能力のある間に自らが選任した人が任意後見人となるように，事前に任意後見契約を結んでおく任意後見制度がある。任意後見制度は，自分が将来，認知

症になることを想定して事前に契約を結んでおくなどが想定される。

　成年後見制度は全て完璧ではないのも現実でもある。当初は大きな期待とともに進められた自己決定の尊重を理念に掲げられた成年後見制度であるが，その後の課題もみえてきた。

　障害者の自己決定の代理人として後見人の意義はあるが，後見人には包括代理権は認められるものの被後見人のすべてを代理することは認められてはいない。

　特に，本人にしか判断できない一身専属権である，医療の同意や結婚，養子縁組などの身分行為への同意権は認められていない。この中で特に，施設を利用している利用者が手術等の医療同意が必要な際に，後見人は同意ができない現実がある。福祉施設現場においては，後見人がそうした生命に関わる場面での医療同意を行えないことが課題ともなっている。そうした場面にどのような対応ができるのか問題ともいえる。

　また，後見制度利用の申し立てを，身寄りの全くいない利用者の場合に，誰が申し立て人になるのかの課題もある。後見申し立ては，原則親族となっているため，成年後見制度の活用が制限される。こうした場合に，首長申し立ての方法があるが，これも各市町村の温度差がある。真に後見制度を必要としている人が活用しにくいことも課題である。

　さらに，障害者の利用者に契約制度が導入された際は，成年後見制度が多数導入されたが，当初国が想定したように増えてはいない。その後の利用が減っているのも現実である。成年後見促進事業ができたのも利用数減の対応の証左でもある。今後，どのように利用を促進していくのかも課題である。

── コラム12　成年後見制度と医療同意 ──

　Ａさんは，ある障害者入所施設に入所している70代の女性である。障害者施設に入所したのは，30歳の頃である。その後，親族が亡くなり身寄りも誰もいない状態となった。そのため，支援機関である市長の申し立てにより，第三者である司法書士の成年後見人が選任された。

しかし，60代後半になり重い病気に罹患して手術が必要となり，その同意が必要になったが，後見人は医療の同意権がないため，書類に押印できないと断った。そのため，その後，手術しないまま病気が継続して，肺炎を併発して重篤になり1年後に死亡した。

この事例において，最善の選択はどうあるべきだったのか。成年後見人は，被後見人の全ての行為を代理することが原則できる。しかし，本人にしか判断，決定できない一身専属権，特に医療同意の同意権は認められていないのである。手術すれば，確実に命を救い，延命できたかもしれない。だが，その手術の同意をする人間が不在の時，後見人はその代理はできないのである。このように，施設等における医療場面で，後見人がこのような場面に立ち会うことは多いであろうと想像される。しかし，究極の自己決定を考えると難しい問題である。

3）成年後見制度促進法（成年後見制度の利用の促進に関する法律）への期待

介護保険制度の活用者630万人のうち20万人が後見制度を活用しているといわれている。しかし，認知症等判断能力が不十分な人はこれ以上の人がいるといわれる中では，成年後見制度の活用がいかに少ないか確認できる。

成年後見制度は，前述したように期待されながらその数は増えてはいない。そのことを打破するために，国がその利用促進を図るため基本計画を作り，それに基づいて市町村が実現に向けて様々な具体的方法を講じる成年後見制度促進法が，2016（平成28）年に成立した。現在　この中には，その利用を必要としている人がたくさん待っているであろう。そうした人の早期発見に努め，利用に繋げていこうとするのがこの法律の趣旨である。今後の，利用促進が期待される。

4）日常生活自立支援事業（旧・地域福祉権利擁護事業）

日常生活自立支援事業は1999（平成11）年に，地域福祉権利擁護事業として始まり，2007（平成19）年に，日常生活自立支援事業として社会福祉法に規定された。

内容は，認知症高齢者，知的障害者，精神障害者等のうち，判断能力が不十分な方が地域において，自立した生活が送れるよう，利用者との契約に基

づき，福祉サービスの利用援助等を行うものである。

　実施主体は，都道府県，指定都市社会福祉協議会（窓口業務は市町村の社会福祉協議会等で実施する。対象者は，判断能力が不十分な方を対象とし，援助内容は福祉サービスの利用援助や苦情解決制度の利用援助，行政手続きに関する援助など）となっている。

　それらの具体的な援助として，預金の払い出し，預金の解約，預金の預け入れの手続き等利用者の日常生活費の日常的金銭管理，定期的な訪問による生活変化の察知等を内容としている。この制度は，成年後見制度の財産管理や身上監護を期待する利用援助の前性格もあり，自己決定を促す権利擁護の仕組みでもある。

　さらに，障害者総合支援法第77条4において，「障害福祉サービスの利用の観点から成年後見制度を利用することが有用であると認められる障害者で成年後見制度の利用に要する費用について補助を受けなければ成年後見制度の利用が困難であると認められるものにつき，当該費用のうち厚生労働省令で定める費用を支給する」と，成年後見制度の促進を規定している。

　成年後見制度は法務省，日常生活支援事業は厚生労働省管轄となっている。この点では，地域の市町村が窓口となっている日常生活支援事業は，福祉的な視点である援助の性格ももっており，利用の抵抗が少なく活用しやすいものであろう。

（3）苦情解決制度

1）苦情解決システム

　社会福祉基礎構造改革後に，利用者の苦情に対するサービス事業提供者の対応義務となって法制化された。

　社会福祉法第1条には，「この法律は，社会福祉を目的とする事業の全分野における共通的基本事項を定め，社会福祉を目的とする他の法律と相まつて，福祉サービスの利用者の利益の保護及び地域における社会福祉の推進を

図るとともに，社会福祉事業の公明かつ適正な実施の確保及び社会福祉を目的とする事業の健全な発達を図り，もつて社会福祉の増進に資することを目的とする」と規定されている。サービス提供事業者は，このように福祉サービスの利用者の利益の保護を図るために，何よりも責任を果たさなければならない。そうした目的に対応するための，苦情解決の仕組みなのである。また，社会福祉法第65条では，「都道府県は，社会福祉施設の設備の規模及び構造並びに福祉サービスの提供の方法，利用者等からの苦情への対応その他の社会福祉施設の運営について，条例で基準を定めなければならない」と，苦情解決の対応を定めている。社会福祉法第82条でも，「社会福祉事業の経営者は，常に，その提供する福祉サービスについて，利用者等からの苦情の適切な解決に努めなければならない」と規定している。このように，サービス事業提供者には利用者からの苦情や意見をくみ取ることが求められている。

　そして，児童福祉施設の設備及び運営に関する基準第14条の3では，「児童福祉施設は，その行つた援助に関する入所している者又はその保護者等からの苦情に迅速かつ適切に対応するために，苦情を受け付けるための窓口を設置する等の必要な措置を講じなければならない」さらに，「乳児院，児童養護施設，障害児入所施設，児童発達支援センター，児童心理治療施設及び児童自立支援施設は，前項の必要な措置として，苦情の公正な解決を図るために，苦情の解決に当たつて当該児童福祉施設の職員以外の者を関与させなければならない」と定め，「児童福祉施設は，その行つた援助に関し，当該措置又は助産の実施，母子保護の実施若しくは保育の提供若しくは法第24条第5項若しくは第6項の規定による措置に係る都道府県又は市町村から指導又は助言を受けた場合は，当該指導又は助言に従つて必要な改善を行わなければならない」と規定している。

　このように児童福祉施設は，苦情解決のシステムとして，苦情解決の窓口・確認・記録・報告・苦情解決を図る第三者委員の選任，第三書委員が苦情の処理，助言をするシステムを取り入れ，苦情解決体制の整備が義務づけ

られたのである。

　苦情解決が適正に機能するためには，前提としての情報開示が求められる。それは，利用者が適切な情報を知らなければ，意見を表明する行為である苦情申し立てもできなくなるからである。

　苦情を解決することで，利用者個人の権利を守ると同時に，この苦情解決を通して，サービス提供者事業者が福祉サービスの向上を図ることが期待される。苦情解決という手法は，利用者の関与による質の確保をするための大切な素材なのである。サービス提供事業者も利用者も苦情を否定的にとらえることなく，サービスの質の向上に寄与することを理解することが大切である。

2）運営適正化委員会

　さらに，苦情解決のために都道府県社会福祉協議会に運営適正化委員会の設置が義務づけられている。社会福祉法第83条において，「都道府県の区域内において，福祉サービス利用援助事業の適正な運営を確保するとともに，福祉サービスに関する利用者等からの苦情を適切に解決するため，都道府県社会福祉協議会に，人格が高潔であつて，社会福祉に関する識見を有し，かつ，社会福祉，法律又は医療に関し学識経験を有する者で構成される運営適正化委員会を置くものとする」と規定している。

3）具体的な苦情解決の仕組み

　社会福祉の利用者が苦情解決を図ることができない場合には，サービス事業提供所に加えて，利用者でもなくサービス事業提供者でもない全く第三者から事業経営者の責任において選任された，利用者からの苦情や疑問に対応する第三者委員や運営適正化委員会による対応が考えられる。

　厚生労働省通知「社会福祉事業の経営者による福祉サービスに関する苦情解決の仕組みの指針について」によると，サービス提供事業者の苦情解決体制について具体的内容が示されている。サービス提供事業者に対して利用者へ，苦情解決の責任者，苦情受付担当者，第三者委員を明示するよう求めて

いる。また，それぞれの役割が示されている。苦情受付の業務の流れは，次の通りである。

① 苦情受付
② 苦情受付の報告（第三者責任者）
③ 第三者委員による内容確認と申し立て人への通知
④ 苦情解決に向けての話し合い
⑤ 苦情解決の報告・公表

　こうした苦情の受付の流れや担当者の氏名などは，サービス事業提供所に行くと，受付の窓口にそれらが分かるように必ず掲示，文書が提示されている。また，契約書や各サービス事業提供所の運営規定にそのことが必ず記載されている。苦情解決は，当初はサービス事業提供所との話し合いによるが，解決できない場合には，第三者委員や運営適正化委員会による対応による話し合いとなる。

（4）自己決定をどのように制度・仕組みとして保障するか

　以上，パラダイム転換となった社会福祉基礎構造改革以降，日本の社会福祉制度が大きく理念転換をもたらし，社会福祉の利用者は弱者としての客体の性格から，権利性を担保された主体となった。それに伴い，福祉を利用する国民の保護の意味を大きく変容したことを確認したい。

　これの背景にあるのは，自己決定は，社会福祉を利用する国民が，主体者としての自己になるべく基本的人権に基づく権利であるという世界的な原則の流れがある。その自己決定を促進し機能していくことは，日本の社会福祉にとって，極めて意義がある。

　その意味で，人が個人としての尊厳や自律性，自立を保持した存在として，自己決定をどのように制度，仕組みとして保障するかが何よりも求められる。

社会福祉に携わる人達は，個人としての尊厳の維持やエンパワメントを発揮できる制度，仕組みがあることを理解して，社会福祉における利用者の保護に臨まなければならないのである。

事後学習
① 利用者の保護の制度を整理しよう。
② 利用者の保護の意義を整理しよう。
③ 障害者に対する成年後見制度の意義を整理しよう。
④ 苦情解決制度の意義について整理しよう。

重要語句

・安全配慮義務
　サービス提供事業者に課せられている利用者の安全・健康についての合理的配慮の義務である。福祉現場では，事故やケガなど生命・身体に対して常に利用者への安全配慮義務が求められる。

・応益負担
　本人の負担能力に関係なくサービス利用に応じて一律に負担を負うことをいう。

・応能負担
　本人の負担能力によってサービス利用の負担費用が決定されることをいう。

・同 意 権
　成年後見人は，自分にしか決定，判断できない被後見人の手術などの医療侵襲行為や婚姻，離婚などの身分行為である一身専属行為の代理権は有していない。このことが，福祉現場の課題ともなっている。

・反射的利益
　個人が受益すべき利益が行政処分の結果として制限されている間接利益のことである。福祉利用者は，措置制度においては制限された権利の利用者となる。

注
(1) 「施設改革と自己決定」編集委員会編　『権利としての自己決定』　エンパワメント研究所，2000年，9頁。
(2) ルシア・ガムロス編　『自立支援とはなにか』　日本評論社，1999年，11-12頁。

⑶　河野正輝ほか　講座『障害をもつ人の人権』　有斐閣，2000年，142-143頁。

⑷　同前，143-146頁。

参考文献

宇山勝儀編著『社会福祉を志す人のための法学』光生館，2003年。

日本弁護士連合会編『高齢者の人権と福祉』こうち書房，1996年。

日本弁護士連合会編『契約型福祉社会と権利擁護を考える』あけび書房，2003年。

平田厚『知的障害者の自己決定権』エンパワメント研究所，2000年。

細川瑞子『知的障害者の成年後見の原理』信山社，2000年。

第7章　社会福祉の動向と課題

本章の概要と到達目標

（1）概　　要
　子どもの発達と成長は，家族の生活と共に社会が大きく関わってくる。保育者はこの変化がなぜ起きたのか，どのように子どもの生活に影響を及ぼしていくのか日々捉え，確認していく必要がある。特に，現代日本社会が抱えている大きな問題として，少子・高齢化がある。これは，65歳以上の人口が増える中で，社会を支える世代の人口が減少していくことである。少子化に対する支援は，保育支援と直結し，子育て支援へと反映している。さらに，大きな変化として国際条約への批准が挙げられる。日本は，1948年に国際連合が採択した「世界人権宣言」，1994年の「児童の権利に関する条約」，2006年の「障害者の権利に関する条約」など多くの条約に批准している。こうした批准が日本社会にどのように影響しているのか，また，どのような意味を持っているのかを踏まえて，少子・高齢化問題や障害者支援について考えていきたい。
　第7章第1・2節では，少子・高齢化の問題，障害児（者）支援，地域社会の支援体制を中心に，現代社会の課題と動向について解説する。また，今日の日本においては少子・高齢社会の到来や核家族化の進展などにより，家庭や地域の相互扶助や地域住民相互による社会的なつながりが極めて重要となっている。このような観点から，第3節では「在宅福祉」及び「地域福祉の推進」，地域福祉に関わる専門機関，専門職について解説する。そして，第4節では，国際社会全体で取り組む目標として採択された SDGs（持続可能な開発目標）についてと SDGs の諸外国の取り組みや達成状況と日本の現状について解説する。

（2）到達目標
①　少子化の要因と社会的影響を学ぶ。
②　少子・高齢化に対する国の政策と課題を知る。
③　ICF で定義された障害の概念を理解する。
④　国の障害者政策を理解する。
⑤　地域社会にどのように関わっていくのか，その役割を理解する。
⑥　世界の社会福祉に関連する状況を知る。
⑦　在宅福祉，地域福祉の推進について，どのような専門機関や専門職が配置されているのか理解する。
⑧　SDGs について，諸外国の取り組みや達成状況について理解する。

1　少子・高齢化の進行と子育て家庭への支援

（1）少子・高齢化社会

　日本の総人口は総務省統計局の「人口推計」によると2022（令和4）年9月現在1億2,475万人で，2010（平成22）年をピークに以降減少傾向にある。このままの推移で人口減少が続くと，2050年には日本の総人口は1億人にまで減少すると予測されている。「2021（令和3）年人口動態統計月報年計（概数）」（厚生労働省）によると，出生数は81万1,604人で15年連続で減少している。反面，高齢化については2021（令和3）年の65歳以上の人口は3,621万人で高齢化率は28.9％になっている（『高齢社会白書　令和4年版』）。

1）合計特殊出生率とは

　生まれる子どもの増減を計る指標として，合計特殊出生率がある。合計特殊出生率について厚生労働省は「その年の各年齢（15〜49歳）の女性の出生率を合計したもの」とし，ある期間（1年間）の出生状況に着目した「期間」合計特殊出生率と，ある世代の出生状況に着目した「コーホート（同一世代生まれ）」合計特殊出生率を示している。一般に用いられているものは「期間」合計特殊出生率であるが，いずれも女性が生涯で何人の子どもを出産しているのかを表している。

　男・女のカップルから2人の子どもが生まれると想定すれば，統計上での人口の変化はみられない。しかし，事故や病気で出産年齢まで育たない場合

のことを加えると，男・女のカップルで2人以上の子どもが人口の維持には必要となってくる。

2）少子・高齢化

「2021（令和3）年人口動態統計（確定数)」（厚生労働省）では現在日本の合計特殊出生率は2021（令和3）年は1.30となっており，昨年の1.33より低下している。出生率の低下については，第2次ベビーブーム期の最後の年の1974（昭和49）年には2.05となり，2005（平成17）年に1.26と過去最低を記録している。出生数の減少が起きることの予兆は，第2次ベビーブーム期の終わり頃から始まっていることになる。

生まれてくる子どもの数が減少すればその国の総人口も減少する。少子化とは，その国の子どもの数が人口全体の比率の中で減少していることを指している。出生数の減少は，高齢者世代の人口比率を増加させる。これが，少子・高齢化と呼ばれるものである。

さらに，高齢化は現代医学の進歩や健康志向により平均寿命を伸ばし，長寿化となる。長寿化はそれまで国を支えてきた先人が，長生きをしたという喜ばしいものである。しかし，同時に働けない世代の増加という一面を持っている。こうした少子・高齢化社会は，経済・社会に大きな影響を与えはじめており，労働人口の減少，国内市場の縮小，社会保障制度の見直し，地域社会の崩壊と共に地域の人と人の結びつきをさらに希薄化させている。

少子化は，子育て世代に対して，近隣に同年齢の子どもがいない，子どもを対象としたお祭りなどの地域行事が実施できない，小・中学校の統廃合や世代間の交流ができないなど多様な問題として現れている。今後こうした問題が，実際に大都市を含め，多くの地域で起きてくると予想され，子育て支援にあたり大きな課題となっている。

3）未婚化・晩婚化の進展

内閣府は『少子化社会白書 平成16年版』の中で，少子化の原因として，「未婚化の進展」，「晩婚化の進展」及び「夫婦の出生力の低下」を挙げ，こ

図7−1　婚姻件数及び婚姻率の年次推移

出所：厚生労働省「2020年人口動態統計」。

　れらの背景にあるものとして，「仕事と子育てを両立できる環境整備の遅れ
や高学歴化」「結婚・出産に対する価値観の変化」「子育てに対する負担感の
増大」及び「経済的不安定の増大等」について言及している。

　「未婚化の進展」について，婚姻件数と婚姻率をみてみると図7−1の通り
である。婚姻件数は2011（平成23）年以降，年間60万組台で低下し続け，
2018（平成30）年には初めて60万組台を割り込んでいる。また，『少子化社会
対策白書　令和4年版』では，「未婚率を年齢（5歳階級）別にみると，2020
年は，30〜34歳では，男性はおよそ2人に1人（47.4％），女性はおよそ3人
に1人（35.2％）が未婚であり，35〜39歳では，男性はおよそ3人に1人
（34.5％），女性はおよそ4人に1人（23.6％）が未婚となっている[(2)]」といって
いる。

　「晩婚化の進展」については，『少子化社会対策白書　令和4年版』では
2020年（令和2年）の婚姻年齢は男性31.0歳，女性29.4歳であり，1985（昭和
60）年と比較すると，男性で2.8歳，女性で3.9歳上昇している。

このほかに少子化の要因としては，女性・男性ともに未婚率が高くなっていることも挙げられている。結婚しない理由として，女性が社会の中で活躍する場が広がることにより，結婚して母親となることだけでなく，一人の人間として人生を考えるようになったこと。結婚により生活の自由がなくなる，他人と生活することが煩わしいなど，結婚に対するマイナスイメージなど人生設計の中で結婚や出産は絶対ではなく選択肢となってきたことが挙げられる。

　また，仕事が忙しく交流する時間がないなど人との関係が薄れた，出会いの機会がないなどの要因も挙げられている。さらに，男女ともに賃金が上がらず，結婚しても共働きをしなければやっていけない，子どもを育てる資金がないといった多くの社会的要因が加わり結婚願望を持たない，あるいは結婚できないと考える若者が増えていると考えられる。

　2020（令和２）年に内閣府から「少子化に関する国際意識調査」[3]が公表された。それによると，「子どもを産み育てやすい国だと考えますか」の問いに日本では，38.3％が「とてもそう思う」「どちらかといえばそう思う」と回答している。同質問に，スウェーデンでは97.1％，フランスでは82.0％，ドイツが77.7％となっている。

　また，同調査で「子どもを生み育てやすい国だと思うと回答した人」の理由としては，日本では，「地域の治安がいいから」が52.0％と最も高く，「妊娠から出産後までの母体医療・小児医療が充実しているから」が46.1％で続く。フランス，ドイツでは，「妊娠から出産後までの母体医療・小児医療が充実しているから」（フランス：56.0％，ドイツ：58.3％）と「各種の保育サービスが充実しているから」（フランス：54.4％，ドイツ：58.4％）の割合が並んで最も高い。スウェーデンでは，「教育費の支援，軽減があるから」（84.1％）と「育児休業中の所得保障が充実しているから」（83.6％）が８割台で最も高い。

　『少子化社会白書　平成16年版』補章第２節の中に「世界の地域別の出生

率」があり，「経済発展段階別では，先進地域では『2.00未満』が約9割を占めている。発展途上地域では，低出生率と高出生率の両方に国や地域が分布している。ただし，後発発展途上地域では，『5.00以上』に半分以上の国や地域が属している」と記されている。また世界全体の合計特殊出生率は2000～2005年の平均として，2.69としている。

　これらから，少子化は先進国が抱える大きな課題であり，その対策として育児に対する経済的・人的支援の充実が挙げられる。さらに，その中心となるのが子育て支援などの保育事業の充実であり，保育の柔軟な事業展開であることが理解できる。

（2）　子どもをめぐる家庭環境の変化

　前述のように，日本社会は少子化が進み第1次・第2次ベビーブームといわれた世代の高齢化の波が押し寄せている。また，都市部への人口集中や経済活動の集中により，地方の過疎化と活力の衰退化を起こしている。こうした変化は家庭においても核家族化の進展とともに，地域の人間関係の希薄化として現れている。このような社会環境の変化は，子育て家庭にどのように影響しているのだろうか。

　この核家族化と地域の人間関係の希薄化は，子育て家庭における母親の孤立を招き，さらに共働き等の生活環境により，子どもが一人きりで食事を摂る「孤食」など，家庭から親の存在を希薄化させている。

　結婚に対する考え方の変化は，離婚するカップルの増加にも現れている。「令和4年度『離婚に関する統計』の概況」（厚生労働省）による，日本の離婚率は2002（平成14）年まで上昇し29万組が離婚している。その後，2003（平成15）年以降は減少し，2020（令和2）年は19万3,000組になっている。離婚率（人口千対）に関しては，2020（令和2）年は1.57であり，前年の2019（令和元）年の1.69より低下している。(4)

　子どもをめぐる家庭環境の変化は，親の仕事や生活スタイルに大きく影響

を受ける。特に，両親の離婚は子どもの生活に与える影響は大きい。「ひとり親家庭等の支援について」(厚生労働省，2022年)では，「ひとり親になった理由」の母子世帯では79.5％が離婚であり，父子世帯でも75.5％である。「令和元年国民生活基礎調査（2018年の所得状況）」では母子世帯の平均総所得は306万円であり，稼働所得（個人が働いで得る所得）は231.1万円である。⁽⁵⁾

（3）子育て世代の窮状

　日本では所得階層の二極化が進んでおり，これは格差社会といわれている状況である。格差社会とはマスメディアによりつくられた言葉であり，所得・資産面で，富裕層と貧困層に分かれ両極化するもので，階層の固定化が進む社会のことをいう。図7-2をみると，国民の所得の中央値は440万円で，平均所得金額は564万3,000円となっている。これは国民の61.5％は平均所得額以下で生活していることを示している。

　「平成21年度インターネットによる子育て費用に関する調査」(内閣府，2010年)では，未就学児の一人当たりの年間子育て費用総額は104万3,535円であり，未就学園児は84万3,225円，保育所・幼稚園児は約37万円高い121万6,547円となっている。保育所・幼稚園に0歳から通っている未就学児の6年間にかかる費用は，約730万円となる。

　就学後の子育て経費については，小学生では一人当たり115万3,541円中学生では約40万円多くなり一人当たり155万5,567円。未就学児の約1.5倍となる。これらを積算すると，小学校で約692万円，中学校の3年間で約466万円となる。さらに，これらを総計すると，概算ではあるが義務教育だけで約1,888万円となる。子育て支援の「子ども手当」や「幼児教育・保育の無償化」などで，このような負担が軽減されつつあるが，格差社会の中で子どもを育てることの大変な状況は理解できる。

　「令和元年国民生活基礎調査」(厚生労働省)によると，「児童のいる世帯」(世帯主が18歳以上65歳未満で子どもがいる世帯)の子どもの貧困率は13.5％とな

図 7 - 2　所得金額階級別世帯数の相対度数分布

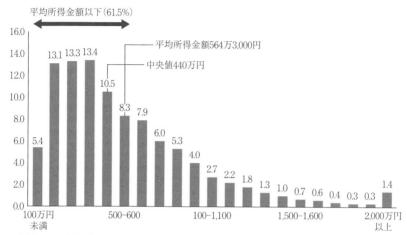

出所：厚生労働省「2021年国民生活基礎調査」を基に筆者作成。

っており，7人に1人は貧困線以下の暮らしをしている。そのうち「大人が
1人」の世帯員の貧困率は48.1％で，「大人が2人以上」の世帯員では
10.7％になっている。

　このように，ひとり親家庭の子どもの約半数近くが「相対的貧困」と呼ば
れる状況の中で生活している。貧困は大きく「絶対的貧困」と「相対的貧
困」に分かれる。食料不足や飢餓などにより最低限の生活を維持することが
困難な「絶対的貧困」に対して，その国の文化水準と比較して困窮した状態
にあるものを「相対的貧困」と呼ぶ。

　こうした状況の背景には，日本の労働者の賃金が上昇せず，ほぼ横ばいの
状況にあることが挙げられる。「令和3年賃金構造基本統計調査」（厚生労働
省）によると，2021（令和3）年の一般労働者の月額賃金は307万4,000円で
あり2001（平成13）年の340万7,000円をピークにそれ以上になっていない。
このように低い賃金上昇が家庭の子育てによる必要経費の上昇に見合ってい
ない現状にある。

そのため，ひとり親家庭では，生活のためダブルワーク，トリプルワークをしている親も多く，親との関わりが少なく子育てに十分な時間や費用を捻出することができず，「外食をしたことがない」「入浴が週に数回」「1日3食の食事を摂ることができずいつもお腹を空かせている」「同じ服を保育所に毎日着てくる」といった悲しい状況が生まれている。このような現状は物質的な側面だけでなく，精神的にも子どもに大きな影響を与えることになる。

それぞれの世帯の生活意識について，図7-3によると，「大変苦しい」「やや苦しい」の「苦しい」と答えた世帯が，児童のいる世帯が多く，59.2%にもなっている。子育てに多くの費用をかけなければならない世帯の窮状が理解できる。

― コラム13　子育ての風景 ―

核家族化が進む中で，子育てへの知識が少なく子育てに困り悩んでいる母親が多数いる。「子どもが何で泣いているのかわからない」「離乳食はいつから」「どんなものを与えていいの」「お菓子はなんでも平気？」ミルクの時間や睡眠やおむつ交換など母親の悩みは尽きない。日々の子育てをしながら雑誌やインターネットなどを利用して情報を集めているが，様々な情報を検証している余裕もないのが実情である。

周囲に相談する人もなく孤立し，母親が一人で悩み，ネット情報を頼りに「おばあちゃん，おじいちゃんの情報は古いからあてにならない」「～しなければならない」と自らを追い詰めていく姿もある。

こうしたことから0歳からの保健師による訪問や保育所等での子育て相談が始まった。保育士に課せられた仕事は，保育所に通う子どもの成長と発達の保障だけでなく，子どもと親を守る重要な仕事と位置づけられている。

（4）子育て支援対策の流れ

1998（平成10）年に中央社会福祉審議会の意見を受けて開始された社会福祉基礎構造改革以降，子育て支援のための施策の基本方向として5年間の行動目標が示すエンゼルプラン（1995～1999年度）が1995（平成7）年に策定さ

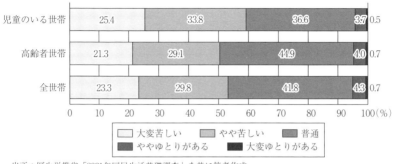

図 7 - 3　各種世帯の生活意識

出所：厚生労働省「2021年国民生活基礎調査」を基に筆者作成。

れた。それに続き，1999（平成11）年の「少子化対策推進基本方針」に基づき，保育サービス等の充実，雇用環境の整備など 8 点の重点項目からなる具体的実施計画を定めた新エンゼルプラン（2000～2004年度）が発表された。

　また，2003（平成15）年に「少子化社会対策基本法」が制定され，これに基づき2004（平成16）年に「少子化社会対策大綱」（2004年 6 月～2010年 1 月）が策定された。この大綱では「子供が健康に育つ社会，子供を生み，育てることに喜びを感じることのできる社会への転換を喫緊の課題とし，少子化の流れを変えるための施策に集中的に取り組む」こととした。

　さらに，2004（平成16）年に 4 つの重点項目からなる「子ども・子育て応援プラン」（2005～2009年度）が策定された。2010（平成22）年には次の 5 年間の行動目標である「子ども・子育てビジョン」（2010年 1 月～2015年 3 月）が策定された。

　現在は，2012（平成24）年に成立した子ども・子育て関連 3 法に基づく「子ども・子育て支援新制度」が2015（平成27）年から本格施行されている。

　また，2019（令和元）年 2 月に，内閣府特命担当大臣（少子化対策）の下，有識者による「第 4 次少子化社会対策大綱策定のための検討会」を発足させ，2020（令和 2 ）年 5 月29日に第 4 次となる新たな「少子化社会対策大綱」を閣議決定した。

① 子どもの幸せに生きる権利，育つ権利，学ぶ権利を守るために，出産から子育てまでどのような知識や技術が必要か討議してみよう。
② 雑誌やネットを見て，子育て中の親がどのような知識を必要としているのか検証してみよう。
③ ひとり親世帯の生活困難な状況を調べてみよう。子ども食堂に来る子どもや親の状況を調べてみよう。

2 共生社会の実現と障害者施策

―― 事前学習 ―――
① 「障害者の権利宣言」について調べ，その後の国際規約や宣言などについて整理しておく。
② 「障害者権利条約」から，障害者の権利をまとめておく。

（1）共生社会とインクルーシブ教育

1）障害者権利条約とは

　共生社会とは何か，文部科学省は「『共生社会』とは，これまで必ずしも十分に社会参加ができるような環境になかった障害者等が，積極的に参加・貢献していくことができる社会である。それは，誰でもが相互に人格と個性を尊重し支え合い，人々の多様な在り方を相互に認め合える全員参加型の社会である」といっている。

　2006年12月13日の国連総会において「障害者の権利に関する条約」（以下，障害者権利条約）が採択され，2008年5月3日に発効した。日本では2013（平成25）年10月，国会での条約締結に向けた議論が始まり，同年11月19日の衆議院本会議，12月4日の参議院本会議において，全会一致で障害者権利条約の締結が承認された。これを受けて2014年1月20日，日本は障害者権利条約

の批准書を国連に寄託し，同年 2 月19日に同条約が効力を発生した。これにより，日本は141番目の締約国・機関となった。

　「批准」とは，署名により内容が確定した条約に対して，国家の権限ある期間が国内法上での手続きに従い行う最終的確認と確定的同意を与える行為のことをいい，日本の場合，内閣府に手続きを行う権限があり，国会の承認をその条件として，天皇の認証を経ることにより行うとされている。つまり，条約に批准したことにより，条約の意義や主旨を国内法の中に反映させていくものである。

　この障害者権利条約の第24条に「締約国は，教育についての障害者の権利を認める。締約国は，この権利を差別なしに，かつ，機会の均等を基礎として実現するため，次のことを目的とするあらゆる段階における障害者を包容する教育制度及び生涯学習を確保する」とある。さらに，「(a) 人間の潜在能力並びに尊厳及び自己の価値についての意識を十分に発達させ，並びに人権，基本的自由及び人間の多様性の尊重を強化すること。(b) 障害者が，その人格，才能及び創造力並びに精神的及び身体的な能力をその可能な最大限度まで発達させること。(c) 障害者が自由な社会に効果的に参加することを可能とすること」としている。

　インクルーシブ教育が国際的な場で声明されたのは，1994年スペインのサラマンカにおいてユニセフとスペイン政府によって開催された「特別ニーズ教育世界会議」におけるサラマンカ宣言からである。この宣言では「インクルーシブ校が遭遇する挑戦は，まったく恵まれていない子どもたちや障害をもつ子どもたちを含む，すべての子どもたちを首尾よく教育することができる児童中心教育学を開発することである。こうした学校の長所は，すべての子どもたちに質の高い教育を提供することが可能であるだけでなく，こうした学校の設置が差別的態度を変えることを助ける上で，すべての人を歓迎する地域社会を創造する上で，インクルーシブな社会を発展させる上でもきわめて重要なステップなのである」としている。ここではインクルーシブ教育

を「障害児」に限ったものと特定はしていない。インクルーシブとは「包み込むような」という意味であり，インクルーシブ教育とは様々な文化や背景を持った子どもたちが同じ場で学ぶことである。しかし，日本の場合，前述の「障害者権利条約」の締結から，特別支援教育の改革をインクルーシブ教育の推進という形で進めている。

2）障害とは

障害という言葉には「妨げる」という意味がある。たとえば，障害物競走などに使われる障害や医学用語としての「嚥下障害」など，競争を妨げる，飲み込むことを妨げるものとして使われている。

障害者基本法では，第2条1で「障害者　身体障害，知的障害，精神障害（発達障害を含む。）その他の心身の機能の障害がある者であつて，障害及び社会的障壁により継続的に日常生活又は社会生活に相当な制限を受ける状態にあるものをいう」と障害について定義している。この中の，「発達障害を含む」と「障害及び社会的障壁により」という言葉は，2011（平成23）年の「障害者基本法の一部を改正する法律」で加えられている。さらに，同改正で，目的も「この法律は，障害者の自立及び社会参加の支援等のための施策に関し，基本的理念を定め」から，「この法律は，全ての国民が，障害の有無にかかわらず，等しく基本的人権を享有するかけがえのない個人として尊重されるものであるとの理念にのつとり，全ての国民が，障害の有無によつて分け隔てられることなく，相互に人格と個性を尊重し合いながら共生する社会を実現するため，障害者の自立及び社会参加の支援等のための施策に関し，基本原則を定め」になっている。

3）国際生活機能分類の「障害」

2001年に世界保健機構（World Health Organization：WHO）から「国際生活機能分類（International Classification of Functioning, Disability and Health：ICF）」が発表された。このICF（国際生活機能分類）が示す障害の捉え方は，「医療モデルと「社会モデル」の統合といわれ，新たな障害モデルの提案とされて

図 7-4　ICF の構成要素間の相互作用

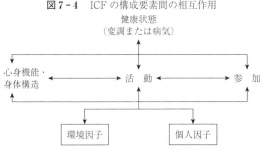

出所：厚生労働省ホームページ「『国際生活機能分類——国際障
害分類改訂版』。

いる。

　図 7-4 は ICF の構成要素間の相互作用である。この図は障害がある人だ
けが対象ではなく，すべての人々の生活機能に関わるものであるとされてい
る。健康状態（疾病・変調）・生活レベルとして「心身機能・身体構造」など
を含む現在の身体的状態，「活動」として現在活動ができている遂行状態，
さらに「参加」として社会への参加状態を挙げている。

　背景因子としては，環境因子（物理的環境，社会的環境そして人々の社会的な
態度による環境を指している）と個人因子（個々の持つ性格や意欲，自己の夢や希
望を指している）の 2 つを挙げている。具体的に障害とは，「個人因子」であ
る「心身機能・身体構造」が機能障害として「活動制限」「参加制約」など
につながり，環境因子によりさらに妨げられることを「障害」として捉える
ことができる。

　たとえば，脳性小児麻痺で両足が麻痺し車いすでの生活をしている方が，
電動車いすで移動は可能になったとすると，「活動制限」はなくなることに
なる。しかし，その方が大学に行って学びたいと思い，大学受験を行い，試
験を受けたが大学はバリアフリー化が遅れていて，教室への移動ができない
ため，不合格となったとすると「参加制約」を受けたことになる。これが社
会的障壁であり，障害である。このようなことがないように，大学でできる

範囲で支援を行うことが「合理的配慮」である。

このような「社会的障壁」の克服の捉え方として，障害を持っている人（家族）が，自らの問題として克服する責任を持つという考えを「個人モデル」と呼ぶ。また，「社会的障壁」を社会の問題として，社会の責任として障壁を取り除くことを「社会モデル」と呼ぶ。

前例のように，大学や社会のシステムがこの人にあったものであれば，大学での学びが他者とスタート地点において障害はないことになる。障害だけでなく生活の上の問題についても，参加が実現されない要因は，どこに問題や原因があるのかが整理され，その改善が個々の障害によって行われていく社会が共生社会の基礎となる。

┌── コラム14　障害は個性ではなく特性です ──┐

障害について，「性格や個性だから」と話をすることがある。しかし障害そのもの（心身機能・身体構造）は固定的で変わるものではなく特性と呼ぶ。それは性別や身長と同じである。高い身長特性をどう生かそうとするのか。そこに個性がある。片方の腕がない。そのことは特性だがどう暮らしていくのか，どのように考えていくのかに個性がでる。

発達障害の特性の一つに聴覚過敏がある。騒がしい中では頭が痛くなるなど辛く集団を嫌う傾向にある。うるささを避けようとして耳を抑えたり，興奮したり，自傷したりすることがある。辛いので，耳を抑えたり，興奮したりすることは個性である。自傷や興奮は軽減させることができる。しかし聴覚過敏の特性である聞こえ方は変えることができない。このような障害特性と，どう向き合い，支援を行っていくのかを考えることも保育士の仕事の一つである。

（2）共生社会とその取り組み

1）障害者の権利と共生社会

共生社会の捉え方として，障害者基本法の第3条2（地域社会における共生等）で，「全て障害者は，可能な限り，どこで誰と生活するかについての選択の機会が確保され，地域社会において他の人々と共生することを妨げられ

ないこと」が挙げられる。障害者が地域で生活するための支援や制度の構築がどのように行われるのかが大きな課題の一つである。

　さらに、教育では、文部科学省は「共生社会の形成に向けて」の中で、「『共生社会』とは、これまで必ずしも十分に社会参加できるような環境になかった障害者等が、積極的に参加・貢献していくことができる社会である。それは、誰もが相互に人格と個性を尊重し支え合い、人々の多様な在り方を相互に認め合える全員参加型の社会である。このような社会を目指すことは、我が国において最も積極的に取り組むべき重要な課題である」としている。

　また、「障害者の権利条約」第24条 5 に「締約国は、障害者が、差別なしに、かつ、他の者との平等を基礎として、一般的な高等教育、職業訓練、成人教育及び生涯学習を享受することができることを確保する。このため、締約国は、合理的配慮が障害者に提供されることを確保する」としている。この「合理的配慮」は共生社会に向けてのキーワードの一つであり、いくつかの大切な要素についてみていく。

2 ）合理的配慮

　合理的配慮とは、障害者権利条約第 2 条で「『合理的配慮』とは、障害者が他の者との平等を基礎として全ての人権及び基本的自由を享有し、又は行使することを確保するための必要かつ適当な変更及び調整であって、特定の場合において必要とされるものであり、かつ、均衡を失した又は過度の負担を課さないものをいう」と定義されている概念である。

　2013（平成25）年、「障害を理由とする差別の解消の推進に関する法律」が制定された。その第 5 条に「行政機関等及び事業者は、社会的障壁の除去の実施についての必要かつ合理的な配慮を的確に行うため、自ら設置する施設の構造の改善及び設備の整備、関係職員に対する研修その他の必要な環境の整備に努めなければならない」とし、合理的配慮を的確に行うよう示している。

　これは教育場面や保育、子育て支援でも同様である。障害児（者）が生活しやすい環境や支援を障害者とともに考え実施していくものである。

その中には，バリアフリーとして車いすで移動するための段差の解消や聴覚障害児（者）のための手話通訳などの支援・配慮が入る。また合理的配慮を行わないことは，障害者の権利の侵害とみなされることにもつながる。

3）障害者意見の尊重

　障害者支援の中には，意思疎通が難しいため，その方に良かれと思って支援を構築することがある。これをパターナリズムという。しかし，当事者の納得した支援を行うことの重要性が指摘されている。これをインフォームドコンセントという。

　障害者権利条約第21条に，「締約国は，障害者が，第2条に定めるあらゆる形態の意思疎通であって自ら選択するものにより，表現及び意見の自由（他の者との平等を基礎として情報及び考えを求め，受け，及び伝える自由を含む。）についての権利を行使することができることを確保するための全ての適当な措置をとる」とある。さらに，「（b）公的な活動において，手話，点字，補助的及び代替的な意思疎通並びに障害者が自ら選択する他の全ての利用しやすい意思疎通の手段，形態及び様式を用いることを受け入れ，及び容易にすること」とも規定されている。

　これらのことは，前述の合理的な配慮の内容にもなる。意思疎通のツールを利用し，障害者の意思や意見を尊重した支援が行えるような方法を構築していくことが大切になる。

4）地域共生社会の実現のためのインクルーシブ教育

　厚生労働省は，改革の基本コンセプトとして「地域共生社会」の実現を掲げ，「ニッポン一億総活躍プラン」（平成28年6月2日閣議決定）や，「『地域共生社会』の実現に向けて（当面の改革工程）」（平成29年2月7日　厚生労働省「我が事・丸ごと」地域共生社会実現本部）に基づいて，その具体化に向けた改革を進めている。

　この地域共生社会とは，「制度・分野ごとの『縦割り』や「支え手」「受け手」という関係を超えて，地域住民や地域の多様な主体が『我が事』として

参画し，人と人，人と資源が世代や分野を超えて『丸ごと』つながることで，住民一人ひとりの暮らしと生きがい，地域をともに創っていく社会」とし支包括的支援体制を構築することを目指している。

　このような社会の実現には，小さい頃から障害やあらゆる社会経験の違う文化を持った子どもたちが一緒に行動することで，障害などを意識することなく一人の人間としてかかわることができるようになる子どもの育成が大切になる，つまり，保育・教育のインクルーシブが一番の近道であると考えられる。

（3）障害児（者）関連法等の見直し

　前述のように，2014年1月に日本は「障害者権利条約」に関する，批准書を国際連合に寄託した。この批准のために政府は内閣総理大臣を本部長としすべての国務大臣で構成される「障がい者制度改革推進本部」を設置した。この「障がい者制度改革推進本部」で，障害者権利条約の締結に必要な国内法の整備を始めとする日本の障害者に係る制度の集中的な改革が進められた。

　この改革の基本となったのが，「障害福祉計画・障害児福祉計画」である（表7-1）。3年ごとにこの計画に基づき，都道府県・市町村が障害福祉計画を作成している。現在は第6期障害福祉計画・第2期障害児福祉計画（令和3〜5年）が行われて，第7期障害福祉計画・第3期障害児福祉計画（令和6〜8年）の計画がなされている。

　つまり，「障害者権利条約」に批准したことにより，それまで理念として法的に位置づけられていた障害者の権利が，具体的に私たちの生活を変える法として位置づけられることになった。これは障害者権利条約の第4条一般的義務の「(a) この条約において認められる権利の実現のため，全ての適当な立法措置，行政措置その他の措置をとること。(b) 障害者に対する差別となる既存の法律，規則，慣習及び慣行を修正し，又は廃止するための全ての適当な措置（立法を含む。）をとること」を具現化するものである。

表7-1　障害福祉計画・障害児福祉計画

平成18～20年度	21～23年度	24～26年度	27～29年度	30～令和2年度
第1期障害福祉計画期間	第2期障害福祉計画期間	第3期障害福祉計画期間	第4期障害福祉計画期間	第5期障害福祉計画期間
平成23年度を目標として，地域の実情に応じた数値目標及び障害福祉サービスの見込量を設定	第1期の実績を踏まえ，第2期障害福祉計画を作成	つなぎ法による障害者自立支援法の改正等を踏まえ，平成26年度を目標として，第3期障害福祉計画を作成	障害者総合支援法の施行等を踏まえ，平成29年度を目標として，第4期障害福祉計画を作成	第1期障害児福祉計画期間

出所：厚生労働省「障害福祉計画・障害児福祉計画の概要」。

　具体的には2011（平成23）年の「障害者基本法の一部を改正する法律」であり，これを実施するために，2010（平成22）年4月に障がい者制度改革推進会議の下に設置された「障がい者制度改革推進会議総合福祉部会」において，検討が始められました。

　また，新たに策定された法律としては，2004（平成16）年の「発達障害者支援法」，2005（平成17）年の「障害者の日常生活及び社会生活を総合的に支援するための法律（略称：障害者総合支援法）」，2006（平成18）年の「ハートビル法」と「交通バリアフリー法」を統合した「高齢者，障害者等の移動等の円滑化の促進に関する法律（略称：バリアフリー新法）」が挙げられる。さらに，2011（平成23）年の「障害者虐待の防止，障害者の養護者に対する支援等に関する法律（略称：障害者虐待防止法）」，2013（平成25）年の「障害を理由とする差別の解消の推進に関する法律（略称：障害者差別解消法）」も挙げられる。

　また，2022（令和4）年には，「障害者による情報の取得及び利用並びに意思疎通に係る政策の推進に関する法律」が施行された。この法律は，①デジタル社会において障害のある人がその恩恵を等しく受けられるように，またその文化を活用できるようにすること。障害のある人が社会参加するにあたり，②必要な情報を得られるように，障害に応じた手段が提供され，③通常

得られるものと同一内容の情報を取得でき，④意思疎通が図れるようにすることが目的とされている。これらの法律は，障害は本人の問題ではなく，周囲の人を含めた社会環境の問題であるとする社会モデルに基づき改変されている。

事後学習

① 障害についての医療モデル・社会モデル・生活モデルについて調べて個々の違いについて討議してみよう。

② 校内や地域の環境を合理配慮やバリアフリー・ユニバーサルデザインの視点から検証してみよう。

③ インクルーシブ教育は多くの視点と意味があるので，さらに深く調べて現状とその実施について発表し合おう。

3　在宅福祉・地域福祉の推進

事前学習

① 地域の福祉について近所にどのような関係機関，専門職が配置されているのか調べておく。

（1）社会福祉協議会の機能と役割

　社会福祉協議会は，すべての都道府県と指定都市，市町村にそれぞれ都道府県社会福祉協議会，市町村社会福祉協議会が組織されているほか，社会福祉協議会の中央組織として全国社会福祉協議会が設置されている。

　社会福祉協議会の法的位置づけとしては，社会福祉法第109条から第111条に規定されており，「地域福祉の推進を図ることを目的とする」とされている。それぞれの社会福祉協議会は，社会福祉を目的とする事業の企画や実施，社会福祉に関する活動に住民が参加するための援助などを行っている（社会福祉法第109条）。

また，都道府県社会福祉協議会はより広域的な見地から行うことが適切な事業や市町村社会福祉協議会の相互調整等（社会福祉法第110条），全国社会福祉協議会は都道府県社会福祉協議会および市町村社会福祉協議会相互の連絡や事業の調整等（社会福祉法第111条）を行っており地域福祉の積極的な推進と支援に努めている。

　社会福祉協議会の活動として以下の4つが掲げられている。

① 社会福祉を目的とする事業の企画及び実施
② 社会福祉に関する活動への住民の参加のための援助
③ 社会福祉を目的とする事業に関する調査，普及，宣伝，連絡，調整及び助成
④ 前3号に掲げる事業のほか，社会福祉を目的とする事業の健全な発達を図るために必要な事業

（2）民生委員・児童委員の役割

　民生委員の法的位置づけとしては，民生委員法第1条では「任務」について「民生委員は，社会奉仕の精神をもつて，常に住民の立場に立つて相談に応じ，及び必要な援助を行い，もつて社会福祉の増進に努めるものとする」と定めている。ボランティアとして活動するため給与は支給しないものとし，その任期は3年と定められており，全国で現在約23万人（2018年3月現在）の民生委員・児童委員が活動している。

　民生委員・児童委員には，基本的人権の尊重や政治的中立性が特に重視され，民生委員法に基づき守秘義務が課せられている。

　具体的な活動内容としては，地域住民の生活上の様々な相談に応じ，その内容に応じて行政による支援との連携や適切な福祉サービスの紹介などを行う。たとえば高齢者や，障害者世帯等の訪問や見守り，児童の登下校時見守りやパトロールなどを行っている。

　民生委員・児童委員における地域の役割としては，職務の内容が，民生委員法第14条に定められており，その役割は地域住民の福祉を増進するための活動を行うことである。今後は民生委員・児童委員は，地域に暮らす方々の良き相談相手となるばかりでなく，子ども虐待や高齢者の孤独死，認知症高齢者の対応や，悪徳商法被害の増加といった社会的課題に対して，社会福祉協議会などとも連携を図りながら，解決に向けた活躍が期待されている。

（3）NPO 法人（特定非営利活動法人）

　「NPO」とは「Non-Profit Organization」又は「Not-for-Profit Organization」の略称で，様々な社会貢献活動を行い，団体の構成員に対し，収益を分配することを目的とはしないものの，収益をつくることは認められている。その収益は，様々な社会貢献活動に充てることを目的とする団体の総称である。

　特定非営利活動として，次の20種類の分野に該当する活動が定められており，不特定かつ多数のものの利益に寄与することを目的とするものとされている。[8]

　　①　保健，医療又は福祉の増進を図る活動

　　②　社会教育の推進を図る活動

　　③　まちづくりの推進を図る活動

　　④　観光の振興を図る活動

　　⑤　農山漁村又は中山間地域の振興を図る活動

　　⑥　学術，文化，芸術又はスポーツの振興を図る活動

　　⑦　環境の保全を図る活動

　　⑧　災害救援活動

　　⑨　地域安全活動

　　⑩　人権の擁護又は平和の推進を図る活動

　　⑪　国際協力の活動

⑫　男女共同参画社会の形成の促進を図る活動

⑬　子どもの健全育成を図る活動

⑭　情報化社会の発展を図る活動

⑮　科学技術の振興を図る活動

⑯　経済活動の活性化を図る活動

⑰　職業能力の開発又は雇用機会の拡充を支援する活動

⑱　消費者の保護を図る活動

⑲　前各号に掲げる活動を行う団体の運営又は活動に関する連絡，助言又は援助の活動

⑳　前各号に掲げる活動に準ずる活動として都道府県又は指定都市の条例で定める活動

（4）ボランティア活動の振興

　誰もがボランティア活動のできる地域共生社会を実現するために，社会福祉協議会のボランティア・市民活動センターは，ボランティアや市民活動の発展に寄与している。特に，都道府県及び市町村にあるボランティア・市民活動センターにおいては，ボランティア活動や市民活動に関する相談や情報の提供や活動先の紹介を行っている。

　その他にも NPO・ボランティア団体等の活動支援や研修やセミナーの開催などの学習機会を提供したり，ボランティアの体験プログラムの実施やボランティア・市民活動系の団体との連絡調整，普及活動等を行っている。

（5）日常生活自立支援事業

　日常生活自立支援事業は，判断能力が不十分な認知症高齢者，知的障害者，精神障害者が自立した生活がおくれるよう，福祉サービスの利用援助や住宅に関するリフォームや貸借，日常生活上の消費契約の手続きや，住民票の届出等の行政手続き等を行うサービスの事である。

　本事業は都道府県・指定都市社会福祉協議会が実施主体となっている。利用希望者が申請した後，生活状況や希望する援助内容を確認し，要件に該当するかどうか判断する。日常生活自立支援事業の要件に該当すると判断された場合に限り，実施頻度や援助内容を含め具体的な支援計画が作成され，その後の支援計画は利用者の状況を踏まえて定期的に見直しがされる。

（6）地域包括ケアシステム

　地域包括ケアシステムは，高齢者が住み慣れた地域で自分らしい暮らしを人生の最後まで続けることができるよう，高齢者の住まいと医療，訪問介護，老人クラブ等とが切れ目なく一体的に提供される体制のことである。

　特に地域包括支援センターは，介護保険法で定められた，地域住民の保健・福祉・医療などから高齢者を支える機関で，その業務は次の4つである。

① 「介護予防ケアマネジメント」要介護者になることを未然に防ぐための予防的マネジメントを行う。
② 「権利擁護」虐待防止や，成年後見制度のサポートを行う。
③ 「包括・継続ケアマネジメント」地域ケア会議の開催や地域のケアーマネージャーの支援や関連機関との連携を行う。
④ 「総合相談」介護に関する相談業務や利用者にとって必要な様々なサービスを紹介する。

（7）地域で育てる社会的養育

　虐待や，家庭の経済状況，保護者の疾病や受刑などにより，家庭での養育が困難になった子どもたち，いわゆる要保護児童は，それまで住んでいた地域を離れ，里親や乳児院・児童養護施設等で養育されることになる。

　本来の社会的養護の基本理念は「子どもの最善の利益のために」「全ての子どもを社会全体で育む」というものである。しかし，実際には，児童相談

所によって乳児院や児童養護施設等の施設へ措置された後は，施設養育がメインになり，地域との関わりはなくなるといっても過言ではなく施設養育には閉鎖的なイメージも強くあった。2016（平成28）年に改正された児童福祉法をきっかけにして，施設養育も大舎制施設の小規模化（地域小規模施設）や，地域に根差した里親やファミリーホームへ移行していき，家庭的養育（より，家庭に近い養育で子どもを支援していこうという考え方）の流れが主流になってきている。また，地域の見守りや，地域の子育て世帯の相談窓口を行う子育て支援センターとしての機能を持つ施設も増えてきている。

　本来の社会的養護の基本理念である「子どもの最善の利益のために」「全ての子どもを社会全体で育む」ということがより現実的なものになると期待されている。

（8）要保護児童対策地域協議会

　市町村に設置されている要保護児童対策地域協議会は児童虐待の予防や早期発見，虐待の再発防止のためのシステムである。

　要保護児童対策地域協議会の構成メンバーは，社会福祉協議会の他に児童相談所や保育所・児童家庭支援センター・児童館や民生委員・児童委員等の児童福祉関係機関・専門職，保健センターや保健所，医師や看護師等の医療機関関係機関，警察署や弁護士，法務局，人権擁護委員会等の司法機関・専門職，NPOやボランティア等・専門職である。

コラム15　民生委員による学習・就職支援

　ユウシンくん（8歳）は学校へはほとんど登校しない。父（43歳）と母（39歳）は，交通事故の後遺症などで通院し，生活保護を受けている。

　ある日，ユウシンくんが平日の昼間に一人で買い物をしているところを小学校教諭の経験がある民生委員の森さんが発見した。ユウシンくんに事情を聞くと両親は競馬に出かけているとのことであった。担任の教師が家庭訪問したところ，両親は不在で家の中は，脱いだ衣服やマンガ本，食べかけの物などが散らかって

いた。

　別の日に，学校で様子を聞いたところ，「両親は出かけていることが多く夜は飲み歩き，昼間も競馬，競艇などへ行っている」との話であった。

　森さんは定期的にユウシンくんの家に通いユウシンくんの学習支援をした。また，両親の生活の立て直しについては，児童相談所，社会福祉協議会と連携し，就職支援については一緒にハローワークに通い再就職することができた。学校の授業についていくことができなかったユウシンくんは森さんの学習支援のおかげもあり，学校の授業にもついていけるようになったようである。

　ユウシンくんの事例は民生委員・児童委員としての3年間の任期内に解決のきざしがみえ，森さんも安心している（事例はコラムに合わせて筆者が作成したもの）。

事後学習
① 社会福祉協議会の機能と役割について，3つ挙げてみよう。
② 要保護児童対策地域協議会には，どのような職種の構成員がいるのかまとめよう。

4　諸外国の動向──各国のSDGsの取り組みと課題

事前学習
① SDGsの17の目標について調べておく。
② ネットニュースやSNSからSDGsがどの程度話題になっているのか検索しておく。

（1）SDGsとは

　2015年の国連サミットにおいてSDGs（Sustainable Development Goals：持続可能な開発目標）が全会一致で採択された。国際社会全体が取り組む目標として17のゴール（目標）とそれをさらに具体化した数値目標を含む169の

ターゲットが採択され，「地球上の誰一人として取り残さない」ことを誓い，2030年までに達成することを目指している。

17のゴール（目標）とは次の通りである。

目標1 「貧困をなくそう」

地球上のあらゆる「貧困」や所得格差をなくすこと，社会的養護の整備や基礎的サービスへの平等なアクセス権をつくることなどを目標にしている。

目標2 「飢餓をゼロに」

飢餓を撲滅し，地球上のすべての人々，特に貧困層及び幼児を含む脆弱な立場にある人々が，一年中安全かつ栄養のある食糧を十分に手に入れられるようにしようということを目標にしている。地球の環境を守り続けながら農業を進めようという目標とも関連している。

目標3 「すべての人に健康と福祉を」

誰もが（どんな人間でも差別されることなく）最高水準の健康と適切な保健医療サービスを確保でき，人々が幸せな生活をおくることができることを目標としている。

目標4 「質の高い教育をみんなに」

すべての子どもが男女の区別なく公平に，適切かつ効果的な学習成果をもたらす質の高い教育を無償で受けられるよう一生にわたって学習できる機会を広めようという目標である。

目標5 「ジェンダー平等を実現しよう」

男女平等を実現し，すべての女性と女の子の能力を伸ばし，可能性を広げ，最大限にその能力が発揮できる機会が享受できるようにしようという目標である。

目標6「安全な水とトイレを世界中に」

すべての人々が安全な水を飲むことができること，すべての人々が安全で清潔なトイレを利用できるようにすることを目標にしている。また，水不足や水質向上など水に関するあらゆる問題を解決し，自分たちでずっと管理していけるようにしようという目標である。

目標7「エネルギーをみんなにそしてクリーンに」

すべての人々が，安くて安全で現代的なエネルギーを永続的に利用できるようにしようという目標である。再生可能エネルギーやエネルギー効率及び先進的かつ環境負荷の低い化石燃料技術などのクリーンエネルギーの研究及び技術開発と普及も目標の一つとなっている。

目標8「働きがいも経済成長も」

すべての人々の生活を良くする安定した経済成長を進め，誰もが人間らしく生産的な仕事ができ，完全雇用およびディーセント・ワーク（働きがいのある人間らしい仕事）を推進できる社会を作ろうという目標である。

目標9「産業と技術革新の基盤をつくろう」

災害に強いインフラを整えるために新しい技術を開発し，すべての人々の役に立つ安定した産業化を進めようという目標である。

目標10「人や国の不平等をなくそう」

世界中から生まれた国，人種，民族，宗教，性別，障害の有無，性的指向などの不平等を減らそうという目標である。

目標11「住み続けられるまちづくりを」

すべての人々が安全に暮らすことができ，地震や台風などの自然災害が多くの人や建物が集まる都市部を襲った際にも迅速な対応ができ，復旧に時間のかからない永続的に住み続けられるまちをつくろうという目標である。

目標12「つくる責任つかう責任」

　生産者（つくる側）環境や資源を守りながら，少ない資源でより質の高いものを生み出す生産方法の確立と，生産工程でのエネルギー消費や廃棄物の発生の抑制が求められる。消費者（つかう側）は普段から余分に購入し過ぎない，食材などはできるだけ使い切り，調理されたものはできるだけ残さないことなどを意識した生活の実践のもと，地球の環境と人々の健康を守れるよう，責任ある行動をとろうという目標である。

目標13「気候変動に具体的な対策を」

　気候変動から地球を守るために，今すぐ行動を起こそうという目標である。温室効果ガスの排出を原因とする地球温暖化現象が招く世界各地での気候変動やその影響を軽減することも目標の一つである。

目標14「海の豊かさを守ろう」

　海の資源を守り，大切に使おうという目標である。特に海洋汚染，海洋酸性化，乱獲を減らして生物の多様性を守るといったことや，小島嶼開発途上国と後発開発途上国，小規模事業者の保護なども目標の一つとなっている。

目標15「陸の豊かさも守ろう」

　陸の豊かさを守り，砂漠化を防いで，多様な生物が生きられるように大切に使おうという目標である。持続可能なかたちで森林の管理や砂漠化への対処，また土地の劣化を食い止めて改善させるとともに，生物多様性の損失に歯止めをかけるといったことが目指されている。

目標16「平和と公正をすべての人に」

　平和ですべての人が受け入れられ，すべての人が法や制度で守られる社会をつくろうという目標である。特に目指すのは，戦争や暴力のない，平和な社会であり，さらに，すべての人が不当な扱いを受けることなく，公正な立場でいられるように，法律やルールが整えられ，しっかりと守られるようになることも必要とされている。

目標17「パートナーシップで目標を達成しよう」

　世界のすべての人々がみんなで協力し合い，これらの目標を達成しようという目標である。つまり，これまでに説明してきた目標 1 ～16を達成させるために，様々な機関で連携を取り合い，すべての人々が協力していこうというのがこの目標の主旨である。

（2）各国の状況

　2021年に国際連合が発表した「持続可能な開発レポート2021（SUSTAINABLE DEVELOPMENT REPORT 2021）」において，すべてのSDGsが達成されたことを100スコアとした場合に，スコアリングされている165位中18位の日本は79.85であるが， 1 位のフィンランドはスコア85.90， 2 位のスウェーデンはスコア85.61， 3 位のデンマークはスコア84.86となっており，ランキング上位は欧米諸国でトップ 3 は 3 カ国とも北欧であった。また，下位は南スーダン，中央アフリカ共和国など，サハラ以南アフリカ諸国で占められている。表 7 - 2 を参考に見るとわかる通り，上位20位中15カ国で「目標 1　貧困をなくそう」が達成されているが，世界最大の国際通貨基金の先進国であり，G7のメンバーでもあるドイツ，日本，英国は達成されていないことがわかる。

　また，同じく G7のメンバーでもある米国は32位で，すべての目標について達成されておらず課題が残る。これは，国としては先進国の仲間入りはしているものの，貧困がなくなっていないことを考えると，国民の貧富の格差が拡がっている現状が要因の一つとしても考えられる。

　すべての国々で共通して「目標11　住み続けられるまちづくりを」「目標12　つくる責任つかう責任」「目標13　気候変動に具体的な対策を」「目標14　海の豊かさを守ろう」が達成されていない。

　次に，表 7 - 3 はSDGs達成ランキングの内スコアリングされている下位20カ国を表にしたものであるが，152位のモザンビークと，154位のアンゴラ

表7-2　SDGs 達成度ランキング（上位20国）

順　位	国　名	スコア	SDGs を達成した目標
1	フィンランド	85.90	1.4.6.7
2	スウェーデン	85.61	1.5.7.9
3	デンマーク	84.86	1.7.10
4	ドイツ	82.48	
5	ベルギー	82.19	1
6	オーストリア	82.08	1.7.16
7	ノルウェー	81.98	1.3.5.7.10.17
8	フランス	81.67	1
9	スロベニア	81.60	1.8.16
10	エストニア	81.58	15
11	オランダ	81.56	1
12	チェコ共和国	81.39	1.6.8
13	アイルランド	80.96	1.16
14	クロアチア	80.38	1.4.6
15	ポーランド	80.22	1.15
16	スイス	80.10	1.7
17	英　国	79.97	9
18	日　本	79.85	4.9.16
19	スロバキア共和国	79.57	1
20	スペイン	79.85	
⋮	⋮	⋮	
32	米　国	76.01	

出所：SUSTAINABLE DEVELOPMENT REPORT 2021を基
に筆者作成。

を除き，すべての国々で「目標13　気候変動に具体的な対策を」が達成され
ていることがわかる。

　また，すべての国々で共通して「目標12　つくる責任つかう責任」「目標
13　気候変動に具体的な対策を」以外の目標が達成されていないことが確認で
きる。

表 7 - 3　SDGs 達成度ランキング（下位20国）

順　位	国　　名	スコア	SDGs を達成した目標
146	マ　リ	52.16	13
147	ブルンジ	51.80	13
148	シエラレオネ	51.69	12.13
149	マラウイ	51.37	13
150	ハイチ	51.35	13
151	パプアニューギニア	51.33	13
152	モザンビーク	51.05	12
153	ギニア	50.96	13
154	アンゴラ	50.30	12
155	ベナン	49.87	12.13
156	ニジェール	49.53	13
157	スーダン	49.53	13
158	コンゴ，デム・レップ	49.48	13
159	マダガスカル	49.30	13
160	ナイジェリア	49.01	12.13
161	リベリア	48.65	12.13
162	ソマリア	45.61	13
163	チャド	40.90	13
164	南スーダン	38.90	13
165	中央アフリカ共和国	38.27	13

出所：表 7 - 2 と同じ。

　上位の国々が達成できている目標を下位の国々が達成できていないことや，下位の国々が達成できている目標が上位の国々で達成できていないこともあり，「目標17　パートナーシップで目標を達成しよう」にも設定されている世界のすべての人々がみんなで協力し合い，これらの 1 ～16の目標を達成することが重要であるといえる。

　近年猛威を振るわせている新型コロナウイルス（COVID-19）による影響で SDGs の取り組みが阻害されているという調査結果が，発表された（国際連合広報センター2021年7月22日プレスリリース，https://www.unic.or.jp/news_press/features_backgrounders/42423/，2022年12月3日アクセス）。

　具体的には，それまでに，世界全体の極度の貧困率は下降傾向にあったが1998年以降で初めて上昇し，2019年の4％から2020年には9.5％になった。また子どもの5人当たり2人以上がパンデミック関連のショックにより，発達阻害の影響を受け，さらには，女性と女児に対する暴力も深刻化し失業割合も不当に高くなっているという。

　また，132の国・地域が国家統計計画を実施し，そのうち84の国・地域は十分な資金提供を受ける計画があると報告したが，後発開発途上国（LDCs）46カ国のうち，十分な資金提供を受ける国家統計計画があると報告したのはわずか4カ国だけであったという報告もある。

　新型コロナウイルス（COVID-19）による影響は我々人間の健康だけでなく，様々な要因により，経済的な損失，差別問題の悪化や，子どもの発育阻害，社会保障の格差等をも生み出されており，今後もより一層，世界各国が協力しグローバルな取り組みが必要になってくることが予想される。

── 事後学習 ──

①　SDGs の取り組みについて様々な団体においてどのような取り組みがされているのか調べてみよう。

②　新型コロナウイルス感染症（COVID-19）による影響で SDGs の取り組みが阻害されている。具体的にどのような影響が出ているのか調べてみよう。

重要語句

・合理的配慮

　障害者が平等にすべての人権及び基本的自由を享有し，又は行使するため，一人ひとりの特徴や場面において，必要かつ適当な変更及び調整を行うことである。

・社会モデル

　障害や不利益・困難の原因は障害のない人を前提に作られた社会のつくりや仕

組みに原因があるという考え方。社会や組織の仕組み，文化や慣習などの「社会的障壁」が障害者など少数派（マイノリティ）の存在を考慮せず，多数派（マジョリティ）の都合で作られているために少数派が不利益を被っているという考え方。

注

(1)　厚生労働省「平成23年人口動態統計月報年計（概数）の概況」（https://www.mhlw.go.jp/toukei/saikin/hw/jinkou/geppo/nengai11/sankou01.html，2022年 1 月 3 日アクセス）。

(2)　内閣府『少子化社会対策白書 令和 4 年版』11頁（https://www8.cao.go.jp/shoushi/shoushika/whitepaper/measures/w-2022/r04pdfhonpen/r04honpen.html，2022年 1 月 3 日アクセス）。

(3)　内閣府「平成22年度少子化社会に関する国際意識調査報告書」2011年（https://www8.cao.go.jp/shoushi/shoushika/research/cyousa22/kokusai/mokuji_pdf.html，2022年 1 月 3 日アクセス）。

(4)　厚生労働省「令和 4 年度 離婚に関する統計の概況」（https://www.mhlw.go.jp/toukei/saikin/hw/jinkou/tokusyu/rikon22/index.html，2022年 8 月 3 日アクセス）。

(5)　厚生労働省「2019年 国民生活基礎調査の概況」（https://www.mhlw.go.jp/toukei/saikin/hw/k-tyosa/k-tyosa19/index.html，2022年 1 月 3 日アクセス）。

(6)　文部科学省「1 ．共生社会の形成に向けて」（https://www.mext.go.jp/b_menu/shingi/chukyo/chukyo3/siryo/attach/1325884.htm，2022年 8 月 3 日アクセス）。

(7)　すももの会ホームページ（http://www.dove.co.jp/sumomo/siryou_folder/Salamanca.html，2022年 6 月22日アクセス）。

(8)　内閣府「特定非営利活動法人（NPO 法人）制度の概要」（https://www.npo-homepage.go.jp/about/npo-kisochishiki/nposeido-gaiyou，2022年 9 月 1 日アクセス）。

参考文献

・第 1 ・ 2 節

越野和之・全障研研究推進委員会編『発達保障論の到達と論点』全障研出版部，2018年。

芝田英昭『社会保障のあゆみと協同』自治体研究社，2022年。

・第3・4節

NHK「地域で育てる社会的養育への転換を」(https://www.nhk.or.jp/kaisetsu-blog/400/441021.html，2022年9月1日アクセス)。

厚生労働省「日常生活自立支援事業」(https://www.mhlw.go.jp/stf/seisakunitsuite/bunya/hukushi_kaigo/seikatsuhogo/chiiki-fukusi-yougo/index.html，2022年9月1日アクセス)。

国際連合「持続可能な開発レポート2021（SUSTAINABLE DEVELOPMENT REPORT 2021)」(https://www.sdgindex.org/reports/sustainable-development-report-2021/，2022年9月1日アクセス)。

杉本豊和編著『新・社会福祉──人々の暮らしに寄り添う』教育情報出版，2021年。

松原康雄・圷洋一・金子充編『社会福祉』（新・基本保育シリーズ④）中央法規出版，2019年。

あとがき

　本書で執筆した先生の多くは福祉施設現場での経験を持たれ，教職に就いている方々である。おそらく，ほとんどの先生が現代の「社会福祉」について，戸惑いを持って書かれたと思われる。なぜなら，従来の社会福祉の基本は労働問題であり，そこから発生する社会問題，それに対応する制度・政策，さらに，それに対する市民運動などが中心課題であったからである。

　しかしながら，今日の社会福祉を考えるキーワードは「国際社会の基準」である。たとえば，児童福祉の分野では「児童の権利に関する条約」に批准したことによる国内法の改定があり，それに伴う制度・政策の施行が行われている。児童福祉法の一部改定や，「新たな社会的養育ビジョン」などの提言により，国際基準にいかに適合していくが問われている。また，同時にこれは戦後日本の政策で行われてきた施設福祉が国際基準により問われていることでもある。

　戦後，日本の社会福祉は施設福祉が政策の中心であり，当時から大型施設批判などがあり，その中で，現場の職員は「開かれた施設づくり」の取り組みや，緊急一時保護事業，地域療育事業などの事業を行い地域の中で理解してもらえるような支援を模索してきた。その根底には，糸賀一雄先生の「この子らを世の光に」という言葉から生まれる，利用者主体の生活の模索と社会の差別や偏見から守りたいという気持ちが支援の中にあった。当時の施設職員の中には，純粋にこの糸賀先生の近江学園の取り組みに憧れ福祉を志した人もたくさんいた。

　利用される方が主体になるという考え方は，施設福祉の中でもいつも問われていることでもあった。しかし，それが国際基準により「児童の最善の利

益を優先する」という言葉に代わり，新たなルールを作る時代になっている。そこに，法規程により制約，制限，罰則が加わるようになり，より利用者の人権や権利を大切にする社会へと変わってきた。利用される方の権利や人権が大切にされることは大変喜ばしいことだが，反面，このルールは私たちが築き上げた福祉文化の中から生まれたものではなく，私たちが築き上げた福祉文化を一挙に変えるものでもある。

　これは，時代の流れでもあり，この流れは，「人権」という基本的な権利を保障するもので，最も大切にしなければならない流れである。これからの社会福祉を学ぶみなさんは，国際的な関係の中で，この流れを定着させ，新たな日本の福祉文化を築き上げる役割を持っている。

　社会福祉の現場は，人と人との関わりが大切になる職場である。「この子らを世の光に」と願った時代から，この子らの個性が尊重され，どう活躍できるかを模索する時代へとなっている。この時代の変化や新たなルールをしっかり身に付け，社会資源をコーディネートすることができる保育士の専門性が求められている。社会福祉を学ぶということは，複雑化される社会環境の中で，子どもの貧困や虐待問題の中の子どもを守るとともに，最前線にいる保育士自身を守ることでもある。

　保育という仕事が，みなさんの一生の仕事となることを祈念し，編者の言葉とさせていただく。

2023年2月

　　　　　　　　　　　　　　　　　　　　　　　　　　編　　者

索　引

著者紹介 （所属，分担，執筆順，＊は編者）

＊大塚 良一（編著者紹介参照：第1章）

＊野島 正剛（編著者紹介参照：第2章）

畠中 耕（福井県立大学看護福祉学部准教授：第3章）

吉田 博行（東京成徳短期大学幼児教育科教授：第4章）

＊田中 利則（編著者紹介参照：第5章）

片貝 晴夫（秋草学園短期大学非常勤講師：第6章）

浅川 茂実（群馬医療福祉大学社会福祉学部教授：第7章1・2）

泉水 祐太（武蔵野短期大学幼児教育学科専任講師：第7章3・4）

編著者紹介

野島正剛 (のじま・せいごう)

1970年　生まれ

日本女子大学人間社会学部社会福祉学科助手，上田女子短期大学幼児教育学科専任講師，宝仙学園短期大学保育科専任講師・こども教育宝仙大学こども教育学部幼児教育学科教授を経て，

現　在　武蔵野大学教育学部幼児教育学科教授。

主　著　『子どもの生活を支える社会福祉』（共著，ミネルヴァ書房），『子どもの生活を支える児童家庭福祉』（共著，ミネルヴァ書房），『子どもの生活を支える相談援助』（共著，ミネルヴァ書房），『保育の基礎を学ぶ福祉施設実習』（共著，ミネルヴァ書房），『子どもの豊かな育ちを支える保育者論』（編著，ミネルヴァ書房），『四訂　子どもの福祉──子ども家庭福祉のしくみと実践』（編著，建帛社），『保育者が学ぶ家庭支援論』（共著，建帛社），『教育・保育・施設実習の手引』（共著，建帛社），『地域に生きる子どもたち』（共著，創成社）。

大塚良一 (おおつか・りょういち)

1955年　生まれ

埼玉県社会福祉事業団寮長，武蔵野短期大学幼児教育科准教授，東京成徳短期大学教授，育英大学教育学部教授を経て，

現　在　佛教大学教育学部特任教授，社会福祉士，介護福祉士，介護支援専門員。

主　著　『保育士のための養護原理』（共著，大学図書出版），『保育士のための養護内容』（共著，大学図書出版），『子どもの生活を支える社会的養護』（編著，ミネルヴァ書房），『子どもの生活を支える社会的養護内容』（編著，ミネルヴァ書房），『子どもの生活を支える家庭支援論』（編著，ミネルヴァ書房），『保育の今を問う児童家庭福祉』（共著，ミネルヴァ書房），『保育の今を問う保育相談支援』（共著，ミネルヴァ書房），『保育の基礎を学ぶ福祉施設実習』（編著，ミネルヴァ書房）。

田中利則 (たなか・としのり)

1953年　生まれ

社会福祉法人富士聖ヨハネ学園棟長，武蔵野短期大学幼児教育学科准教授，ソニー学園・湘北短期大学保育学科教授を経て，

現　在　フジ虎ノ門こどもセンター顧問，社会福祉士，精神保健福祉士。

主　著　『保育士のための養護原理』（共編著，大学図書出版），『保育士のための養護内容』（共編著，大学図書出版），『子育て支援』（共編著，大学図書出版），『養護内容の基礎と実際』（共編著，文化書房博文社），『子どもの生活を支える社会的養護』（編著，ミネルヴァ書房），『子どもの生活を支える社会的養護内容』（編著，ミネルヴァ書房），『子どもの生活を支える家庭支援論』（編著，ミネルヴァ書房），『保育の今を問う児童家庭福祉』（編著，ミネルヴァ書房），『保育の今を問う保育相談支援』（編著，ミネルヴァ書房），『保育の基礎を学ぶ福祉施設実習』（編著，ミネルヴァ書房）。

子どもの未来を育む社会福祉

2023年3月30日　初版第1刷発行　　　　　　〈検印省略〉

定価はカバーに
表示しています

編著者　　野　島　正　剛
　　　　　大　塚　良　一
　　　　　田　中　利　則
発行者　　杉　田　啓　三
印刷者　　中　村　勝　弘

発行所　株式会社　ミネルヴァ書房
607-8494 京都市山科区日ノ岡堤谷町1
電話代表　（075）581-5191
振替口座　01020-0-8076

© 野島・大塚・田中ほか, 2023　　中村印刷・新生製本

ISBN978-4-623-09395-3
Printed in Japan

子どものニーズをみつめる児童養護施設のあゆみ

大江ひろみ・山辺朗子・石塚かおる編著

Ａ５判／304頁／本体価格3000円

ジェネラリスト・ソーシャルワークにもとづく社会福祉のスーパービジョン

山辺朗子著

Ａ５判／224頁／本体価格2500円

ソーシャルワーカーのための養護原理

北川清一著

Ａ５判／244頁／本体価格2800円

家庭と地域の連携でめざす子ども虐待予防

上田礼子著

Ａ５判／272頁／本体価格3500円

福祉専門職のための統合的・多面的アセスメント

渡部律子著

Ａ５判／272頁／本体価格2800円

主体性を引き出す OJT が福祉現場を変える

津田耕一著

Ａ５判／232頁／本体価格2500円

ミネルヴァ書房

https://www.minervashobo.co.jp/